중론으로 읽는 반야심경

중론으로 읽는 반야심경

— 산스끄리뜨어 · 티벳역 · 한역 대조

신상환 지음

도서출판 b

| 일러두기 |

1. 본문 해제에 사용된 로만 산스끄리뜨어(Romanized Sanskrit)는 부록 3-1의 저본(底本)을 로마 문자로 변환한 것이다. 이것과 본문 해제의 티벳어는 인도 사르나스의 티벳학 중앙대학(CUTS, Central University for Tibetan Studies)이 고등 티벳학 중앙 연구소(CIHTS, Central Institute of Higher Tibetan Studies)였던 시절에 발행한 산스끄리뜨·티벳어 원문 자료집에서 발췌한 것이다. 이하 '사르나스판'이라 부른다.
2. 본문 해제에 인용된 게송은 판본마다 번호를 붙이는 방법이 달라, 전체 게송과 각 품의 게송을 같이 적는 것이다. 예를 들어, [731. (9-41)]은 인용한 샨띠 데바의 『입보리행론』의 731번째, 그리고 제9품의 41번째 게송이라는 뜻이다.
3. 본문 해제에 사용한 다양한 인터넷 불교 백과사전 등은 별도의 출처 표시를 하지 않으며, 인용한 각기 다른 사전의 표기법이나 문장 부호 등은 원문 그대로 두는 것을 원칙으로 삼는다.
4. 부록 1의 「마하반야바라밀다심경 7역(譯) 비교」는 원창 스님의 2021년 6월 26일 초편역을 편집 지침에 따라 한문과 한글 등을 일부 편집한 것이다.
5. 부록 2의 「반야부의 등장과 원시 대승불교」는 졸저, 『용수의 사유』의 79~97쪽을 재수록한 것이다.
6. 부록 3의 나머지 부분은 2010년 인도 샨띠니께딴의 비스바 바라띠 대학에서 열린 『반야심경』 학회 때 만들었던 자료 등이다. 해당 자료집은 다음의 URL에서 내려받을 수 있다. https://blog.naver.com/patiensky/120117637814

| 산스끄리뜨어 기준 약어표 |

성(性, gender)

m.: masculine, 남성
f.: feminine, 여성
n.: neuter, 중성

* 형용사인 adjective는 a. 또는 mfn.

수(數, number)

Sg.: Singular number, 단수
Du.: Dual number, 양수
Pl. : Plural number, 복수

격(格, case ending)

1. nom.: nominative, 주격
2. acc.: accusative, 목적격
3. ins.: instrumental, 도구격
4. dat.: dative, 여격
5. abl.: ablative, 탈격
6. gen.: genitive, 소유격
7. loc.: locative, 처격
8. voc.: vocative, 호격

ind.: 불변사, indeclinable

* 티벳어를 비롯해 산스끄리뜨어 기타 문법의 경우는 해당 부분에 표시하고 설명한다.

책머리에

"쥐어팬 것만 기억한다!"

형은 나에게 어릴 때 자기가 콧물도 닦아주었고 지게도 태워주었다고 한다. 그러면서 '쥐어팬 것만 기억한다!'라고 목청을 높였다. 한번은 빡빡 깎은 머리를 내밀며 "이거 보이냐? 네가 뾰족한 대나무를 집어 던져 찢어진 거다."라고 한다. 항상 내가 피해자인 줄 알고 있었는데 때로 가해자였다니!

그때 '무분별 무착란無分別 無錯亂'의 현량現量과 '연기가 있는 저 산에 불이 있다'라는 예시로 유명한 올바른 추론인 비량比量만이 올바른 논리적 판단이지, 경험과 기억이 왜 아닐 비非자를 쓴 비량非量, 즉 올바른 논리적 판단이 아닌지 깊게 와닿았다. '코찔찔이 동생을 쥐어패던 형'도 조작된 기억이었고 '철없는 동생을 보살피던 형'도 조작된 기억이었다.

형은 절로 떠나고 동생은 인도로 떠난 후, 한세월을 돌아 곡성 지산재에 터를 잡았더니 강돌탑만 쌓지 말고 난을 한번 키워보라며 강원도 산골에서 풍란, 석곡 등의 난을 가져다주었다. 그 이후 지산재 주인은 불단 앞에서 사철 꽃을 피우는 난이 되었다.

출가자와 재가자로 다시 만난 형제는 시린 겨울을 견뎌낸 옹이투성이 나무와 같다. 우리 의지로 형제가 되지 않았으나 정법에 귀의하여 남은 생을 살아내는 것은 우리 의지이다.

"색즉시공? 인식 대상도 그저 연기적이라는 뜻입니다."

중관학의 관점에서 『반야심경』의 색즉시공色卽是空을 이렇게 풀자, 자기 혼자 보고 듣기 아깝다며 1만 권의 책을 법보시로 올리겠다는 서원을 세운다. 그러니 책을 쓰란다. '21세기 『중론』 광석廣釋'을 쓰기 전에, 중관학자가 아니면 그 뜻을 풀기 어려운 샨띠 데바 『입보리행론』, 「제9 지혜품」의 해제에 온정신이 팔려있는데 뜬금없는 새치기였다. 어지간하면 거절하려고 해도 사시사철 불단 앞에는 난꽃이 피어 있다. 이래서 이 세상에 공짜는 없는 법이다. 애초 6개월이면 마칠 수 있으리라 여겼건만 '젊어서 고생은 늙어서 골병'인 병고와 함께 살다 보니 해를 넘겼다.

'그러므로, 그래서, …', 그 이유가 어찌 되었든 이 『중론으로 읽는 반야심경』이 세상에 나온 8할의 공덕은 원광 스님에게 있다. 나머지 2할은 「부록 1」의 7종의 한역을 모두 찾아주신 원창 스님에게 있다.

1990년 초반, 당시 송광사 강원에서 만든 '7종의 한역 『반야심경』'을 강원 강주였던 지운 스님을 통해 구해보았다. 그렇지만 이것을 만든 분이 누구인지는 알지 못했다. 이 작업을 하면서 당시 송광사 강원에 계시던 분들을 백방으로 찾았으나 알 길이 없었다. 그러다 오랜만에 원창 스님을 다시 만난 지운 스님을 통해서 작업자를 알게 되었다.

7종의 한역을 하나하나 찾아내어 정리하는 건 그야말로 발품을 팔아야만 가능한 일이다. 원창 스님의 뜻을 살린다는 생각으로 문장 기호 등만 바꾸고 고어체古語體로 된 우리말 역본을 그대로 두었다. 「부록 1」에 모두 실어 두었으니 시대와 역경사에 따라 달라지는 한역본을 두루 비교해 볼 수 있을 것이다. 고된 작업의 결과를 선뜻 내어주신 스님에게 두 손 모아 감사의 예를 올린다.

「부록 2」는 졸저 『용수의 사유』의 반야부가 어떻게 생겨났는지에 대한 선행 연구를 그대로 옮겨놓은 것이다. 남인도 불교에 대한 고고학적 발견을 담아 업데이트할 수 있겠으나, 역경에 마음이 가 있다 보니 그쪽에 무슨 일들이 오가는지 살펴볼 겨를이 없다.

전체적으로 이 책은 초심자들에게는 조금 어려울 수 있다. 그리고 기본적으로 갖추어야 할 각주나 인용 등이 철저하지 않아 전문가들에게는 학술 서적으로 인정조차 받지 못할 수도 있다. 이 작업을 모두 마칠 즈음에 〈지식과교양〉에서 출간된 전순환의 『불경으로 이해하는 산스크리트(반야바라밀다심경 편)』를 구해보았는데, 판본 대조 등을 모두 마친 상태라 그저 몇 가지 궁금한 점만 찾아보았다. 애초부터 이 책의 목적이 '색즉시공'의 의미를 따져보는 데 있고 한역본이 아닌 산스끄리뜨어 원문을 읽어보는 데 있기에 좀 더 자세히 살펴보고픈 욕심을 참아냈다.

되돌아보니 인도 샨띠니께딴에서 2010년 가을 국제 학회에 쓸 『반야심경』 자료집을 만들 때, 기존에 공부한 산스끄리뜨어 원문을 들춰보았을 뿐이다. 그때 만들었던 자료를 「부록 3」에 그대로 인용한 것은 『반야심경』이 전통 산스끄리뜨어인 'Classic Sanskrit'가 아닌 잡雜 산스끄리뜨어인 'Hybrid Sanskrit'로 지어진 경이라 정확한 문장 해체의 필요성을 느끼지 못하기 때문이다. 그 대신에 티벳어로 된 『반야심경』 독송만 했다. 몇몇 중요한 부분에서 티벳본을 같이 살펴볼 수 있는 건 순전히 그 덕분이다.

『반야심경』은 한마디로 '지혜의 정수를 담은 경'이라는 뜻이다. '쌓고 부수는 작업'인 불교 교학의 특징을 제대로 파악하지 않으면, 즉 오온·십팔계·사성제·십이연기 등에 대한 정확한 이해와 '그렇지 않다!'라는 데까지 나가지 않으면, '괴로움의 바다'를 건너 피안으로 갈 수 없음을 보여주는 경이다. 스스로 '부처님의 자식'인 '불자佛子'라고 여기는 이들에게는 이 책을 통해 불교적으로 생각하고 불교적으로 살지 않는 게 문제라는 점만 자각해도 의미 있는 계기가 될 것이다. 또한 '창문 밖'에서 불교를 들여다보는 이들도 불교의 바탕이 무엇인지 알 수 있을 것이다.

팔리지도 않은 역경서譯經書를 꾸준히 출판해 주는 기조형을 비롯해 도서출판 b 식구들에게 감사를 전한다. 출판사에 누가 되지 않는 책을 내는 꿈이 과거형이 되길 빌어본다.

곡성 지산재에서

담정潭程 신상환

| 차 례 |

『반야심경』

산스끄리뜨어 Devanagari본

एवं मया श्रुतम।्

एकस्मिन् समये ब्हगवान् राजगण्हे विंहरति स्म गण्द्ह्रकूथे पर्वते महता ब्हिक्शुसंग्हेन सार्द्हं महता च बोद्हिसत्त्वसंग्हेन।

तेन क्हलु समयेन ब्हगवान् गम्ब्हीरावसंबोद्हं नाम समाद्हिं समापन्नः। तेन च समयेन आर्यावलोकितेष्वरो बोद्हिसत्त्वो महासत्त्वो गम्ब्हीरायां प्रज्झापारमितायां चर्यां चरमाङः एवं व्यवलोकयति स्म। पङ्च स्कन्द्हांस्तांश्च स्वब्हावषून्यं व्यवलोकयति॥

अत्हायुश्मान् षारिपुत्रो बुद्द्हानुब्हावेन आर्यावलोकितेष्वरं बोद्हिसत्त्वमेतदवोचत् यः कष्चित् कुलपुत्रो [वा कुलदुहिता वा अस्यां] गम्ब्हीरायां प्रज्झापारमितायां चर्यां चर्तुकामः कत्हं षिक्शितव्यः? एवमुक्ते आर्यावलोकितेष्वरो बोद्हिसत्त्वो महासत्त्वः आयुश्मन्तं षारिपुत्रमेतदवोचत्

यः कष्चिच्च्हारिपुत्र कुलपुत्रो व कुलदुहिता वा [अस्यां]
गम्ब्हीरायां प्रज्झापारमितायां चर्यां चर्तुकामः तेनइवं
व्यवलोकितव्यम्पइ्च स्कन्द्हांस्तांष्च स्वब्हावषून्यान् समनुपष्यति
स्म। रूपआ षून्यता षून्यतइव रूपम्। रूपान्न ष्त्हक् षून्यता
षून्यताया न ष्त्हग् रूपम्। यद्रūपं सा षून्यता या षून्यता
तद्रूपम्।

एवं वेदनासंज्झासंस्कारविज्झानानि च षून्यता। एवं षारिपुत्र
सर्वद्हर्माः षून्यतालक्शङा अनुत्पन्ना अनिरुद्द्हा अमला विमला
अनूना असंपूर्ङाः।

तस्मात्तर्हि षारिपुत्र षून्यतायां न रूपम् न वेदना न संज्झा न
संस्काराः न विज्झानम् न चक्शुर्न ष्रोत्रं न ग्ह्राङं न जिह्वा न
कायो न मनो न रूपंन षब्दो न गन्द्हो न रसो न स्प्रश्थव्यं
न द्हर्मः। न चक्शुर्द्हातुर्यावन्न मनोद्हातुर्न द्हर्मद्हातुर्न
मनोविज्झानद्हातुः।

न अविद्या नाविद्या न क्शयो यावन्न जरामरङं न जरामरङ्क्शयः न दुःक्हसमुदयनिरोद्हमार्गा न ज्झानं न प्राप्तिर्नाप्राप्तिः।

तस्माच्च्हारिपुत्र अप्राप्तित्वेन बोद्हिसत्त्वानां प्रज्झापारमितामाष्रित्य विहरति चित्तावरङः। चित्तावरङ्नास्तित्वादत्रस्तो विपर्यासातिक्रान्तो निश्थ्हनिर्वाङः। त्र्यद्ह्वव्यवस्थ्हिताः सर्वबुद्द्हाः प्रज्झापारमितामाष्रित्य अनुत्तरां सम्यक्संबोद्हिमभ्हिसंबुद्द्हाः। तस्माद् ज्झातव्यः प्रज्झापारमितामहामन्त्रः अनुत्तरमन्त्रः असमसममन्त्रः सर्वदुःक्हप्रषमनमन्त्रः सत्यममित्थ्यत्वात् प्रज्झापारमितायामुक्तो मन्त्रः। तद्यत्हा गते गते पारगते पारसंगते बोद्हि स्वाहा। एवं षारिपुत्र गम्भ्हीरायां प्रज्झङ्पारमितायां चर्यायां षिक्शितव्यं बोद्हिसत्त्वेन॥

अत्ह क्हलु ब्हगवान् तस्मात्समाद्हेर्व्युत्त्हाय आर्यावलोकितेष्वरस्य बोद्हिसत्त्वस्य साद्हुकारमदात् साद्हु साद्हु कुलपुत्र। एवमेतत् कुलपुत्र एवमेतद् गम्ब्हीरायां प्रज्झापारमितायां चर्यं चर्तव्यं यत्हा त्वया निर्दिश्थम्। अनुमोद्यते तत्हागतइरर्हद्ब्हिः॥

इदमवोचद्ब्हगवान्। आनन्दमना आयुश्मान् षारिपुत्रः आर्यावलोकितेष्वरश्च बोद्हिसत्त्वः सा च सर्वावती परिशत् सदेवमानुशासुरगन्द्हर्वष्च लोको ब्हगवतो ब्हाशितमब्ह्यनन्दन्॥

इति प्रज्ञापारमिताह्ण्दयसूत्रं समाप्तम्।

『반야심경』

산스크리뜨어 직역

(이 경은) 이와 같이 나에게 들린 것(을 적은 것이다).

옛날 한때, 세존께서 왕사성 기산굴산에 큰 비구 무리 및 보살 무리와 함께 계시었다.

바로 이때, 세존께서는 '심오한 깨달음'이라는 이름의 깊은 선정에 드셨다. 이때 위대한 보살 관자재보살이 반야바라밀다 수행에 대해 두루 살피고 있었다. (그리고) 오온이 모두 공이라는 것을 깨달았다.

그러자 부처님의 위신력에 (이끌린) 샤리뿌뜨라 존자가 위대한 보살 관자재보살에게 이렇게 묻기를, "어떤 선남자 선여자가 심오한 반야바라밀다를 수행하려고 (한다면) 어떻게 배울 수 있겠습니까?" 이와 같이 묻자 위대한 보살 관자재보살이 샤리뿌뜨라 존자에게 다음과 같이 말했다.

"샤리뿌뜨라여! 어떤 선남자 선여자가 반야바라밀다를

수행하려고 한다면 이와 같이 (자세히) 관찰해야 한다. 즉, 바로 오온, 이것이 (모두) 공임을 두루 함께 살펴보아야 한다. 색이 공이며 공이 바로 색이다. 색은 공과 분리될 수 없고, 공은 색과 분리될 수 없다. 이와 같이 수, 상, 행, 식도 공이다. 샤리뿌뜨라여! 이와 같이 모든 법들은 공상空相을 지녔으니, 생겨나는 것도 없고, 사라지는 것도 없고, 더러운 것도 없고, 깨끗한 것도 없고, 늘어나는 것도 없고, 줄어드는 것도 없다.

그때, 샤리뿌뜨라여! 공은 색도 아니고, 수도 아니고, 상도 아니고, 행도 아니고, 식도 아니다. 눈도 없고, 귀도 없고, 코도 없고, 혀도 없고, 몸도 없고, 마음도 없고, 보는 것도 없고, 듣는 것도 없고, 냄새 맡는 것도 없고, 맛보는 것도 없고, 만지는 것도 없고, 생각하는 것도 없다.

눈이라는 감각 기관 등이 없고, 마음意이라는 감각 기관이 없고, 마음이라는 감각 기관에 의한 인식識도 없다.

무명도 없고, 무명의 다함도 없고, 늙고 죽음도 없고, 늙고 죽음의 다함도 없기에 고집멸도도 없고, (그것을) 안다는 것도 없고, (그것을) 얻는다는 것도 없고, 얻지 않는다는 것도 없다.

샤리뿌뜨라여! 그러므로 더 얻을 수 없는 (이것)으로 보살들은 반야바라밀다 경지에 이른다. 고뇌를 갖지 않는 마음으로부터 (보살들은) 소멸하지 않는 열반지정, 되돌아오지 않는 경지에 이른다. 삼세에 머무시는 모든 깨달은 이들은 바로 이 반야바라밀다 수행을 통해서 위없는 깨달음[무상정등각]을 얻은 것이다. 그러므로 반야바라밀다 만뜨라, 커다란 지혜가 담긴 만뜨라, 더 할 수 없이 높은 만뜨라, 비교할 수도 없고 비교할 것도 없는 만뜨라, 모든 고통을 치료하는 만뜨라, 헤아릴 수 없는 진리인 반야바라밀다 만뜨라를 다음과 같이 읊나니,

"가떼, 가떼, 빠라가떼, 빠라삼가떼, 보디 스와하"

샤리뿌뜨라여! 이와 같이 깨달음을 추구하는 자[보살]들이 배운 것이 바로 이 심오한 반야바라밀다 수행이다."

그때 삼매로부터 깨어난 세존은 위대한 보살 관자재보살의 (이와 같은 설명을 듣고) '좋구나'라는 칭찬의 말씀을 하셨다. "좋구나 좋아! 선남자여 바로 이와 같아라, 선남자여 바로 이와 같아라. 반야바라밀다 수행은 바로 너에 의해 이와 같이 (올바르게) 설명되었구나. (너의 이와 같은 설명은) 공양받아 마땅한 여래들에게 매우 큰 기쁨을 줄 것이다."

이렇게 세존께서는 말씀하셨다. (그러자) 샤리뿌뜨라 존자와 위대한 보살 관자재보살과 주위에 모여 있는 모든 신과 인간, 아수라와 간다르바 등은 이 말씀에 크게 기뻐하였다.

이것으로 반야바라밀다심경을 (모두) 마친다.

중론으로 읽는 반야심경 해제

들어가며

[731. (9-41)]

(소승인 그대가) "만약 대승(경)은 성립하지 않습니다."(라고 말한다)면

"그대의 바로 그 경전은 어떻게 성립했습니까?"(라고 답하겠습니다.)

(그대가) "왜냐하면 이 둘 가운데 이 (대승도 인정하는 소승경만 부처님의 원음으로) 성립합니다."(라고 반박한다면)

"처음부터 그대에게 이 (소승경)이 성립했던 것이 아닙니다."(라고 재반박하겠습니다.)

[732. (9-42)]

(그대처럼) 바로 그 어떤 (특정한) 조건에 의하여 그 (소승경)에 대한 확신이 (생겨난다면)

바로 그것은 대승(경)에서도 동일하게 (적용되어야 마땅할 것입니다.)

(그대가 반박하여 말하길,) "다른 두 쪽이 인정하기에 (소승경인) 바로 그것(만) 진리(입니다.)"라고 (주장한다)면

"(그렇다면 둘 이상의 외도들이 모두 인정하는 4종의) 베다 등도 (마찬가지로) 진리가 되어야 할 것입니다."(라고 답하겠습니다.)

[733. (9-43)]

(그대가) "대승(경에는) 논쟁(의 여지가) 있기 때문입니다."(라고 말한다)면

"(그대의 소의) 경전[니까야]에 대해서 외도外道들과 (논쟁이 있었고)

(그 밖의) 다른 경전에 대해서도 (그대) 자기 (부파와) 다른 (부파)들 (사이에)

논쟁(의 여지가) 있기에 (마땅히 그것들도) 버려야 될 것입니다."(라고 답하겠습니다.)

—졸역, 샨띠 데바의 『입보리행론』에서

동북아시아인 한국·중국·일본 그리고 티벳을 비롯한 대승 경전권에 널리 알려진 『반야심경』의 산스끄리뜨어 제목은 『쁘라즈냐빠라미따흐르다야수뜨라*Prajñāpāramitāhṛdayasutra*』로, 영어로는 『하트 수뜨라*Heart sutra*』로 알려져 있다. 신체를 구성하는 여러 장기 가운데 '심장'이 그만큼 중요하다는 점과 겹치는 이미지다. 이것은 '흐르다야hṛdaya'의 다양한 뜻 가운데 하나인 'heart'를 직역한 것이다.

한역의 경우, '마음', 즉 'mind'를 중요하게 봤기에 '심心'으로 옮긴 것이다. 티벳역의 경우, 축약하여 『셰랍 닝뽀*Shes rab snying po*』라 부르는데, 이때 '닝뽀'는 심心이라기보다 '정수, 중심, 요체, essence, core'에 더 가까운 이미지로, '지혜의 정수essence of wisdom' 또는 '지혜의 요체'라는 뜻이다. 이처럼 약간의 이미지 차이는 있으나, 예경 때마다 반드시 독송할 만큼 널리 알려진 이 경經은 대승불교의 특징인 공 사상을 전면에 내걸고 있다.

한역 경전권과 티벳의 『반야심경』의 가장 큰 차이를 꼽으라면, 한역에는 7종의 역본이 있으나 티벳역은 단어의 축약 등의 차이가 있음에도 1종만을 근간으로 삼고 있다는 점이다. 그리고 한역은 7종역 가운데 경의 앞뒤가 모두 축약된 현장玄奘(602-664)의 약본略本만 널리 알려진 것과 달리, 티벳역은 산스끄리뜨어 원문을 그대로 옮겨 전후 맥락을 파악할 수 있는 정본正本을 근간으로 삼고 있다.

최근에 이르러 우리말로 경론을 읽는 것이 대세가 되어 한글역도 두루 읽히고 있으나, 산스끄리뜨어 원문을 우리말로 옮긴 것이 아니라 현장역을 우리말로 옮긴 것이라 전후 맥락이 생략되어 있기는 마찬가지다. 『반야심경』을 매일 독송하면서도 '공이란 무엇인가?'를 고민할 수밖에 없고, 그 뜻을 헤아리기 어려운 이유 가운데 하나는 이렇게 전후 맥락이 생략된 현장역을 저본으로 삼는 것도 한몫한다.

> '오종불번五種不飜[1]이라는 번역 원칙을 세웠을 만큼 철저하게 원문을 충실히 옮기려 했던 현장과 같은 위대한 역경사가 왜 이런 축약을 했을까?'

1. '다섯 가지는 번역하지 않는다.'라는 오종불번(五種不飜)은 대략 다음과 같다.

1) 비밀고(秘密故): 다라니의 말과 같이 미묘하고 깊어 생각하기 어려운 말.
2) 다함고(多含故): 박가범(薄伽梵)과 같이 한 말에 많은 뜻을 가진 말.
3) 차방무고(此方無故): 염부수 이름과 같이 중국에 없는 사물 등을 가리키는 말.
4) 순고고(順古故): 아뇩다라삼먁삼보리와 같이 이전부터 음차로 번역해 널리 알려진 말.
5) 존중고(尊重故): 반야를 지혜라 옮길 때처럼 그 뜻이 가벼워 보이는 말.

추측건대, 원문을 충실하게 옮기려는 직역直譯으로 유명한 현장이 이렇게 경의 앞뒤를 생략한 것은 구역舊譯의 시대를 연 꾸마라지바鳩摩羅什, Kumārajīva(344-413)의 영향 때문인 듯하다. 확증할 근거는 없으나 현장역 이전의 『반야심경』 독송은 꾸마라지바의 역본으로 했을 것이다. 그렇지 않고서야 '원문 충실'을 고집하는 현장과 같은 역경사가 경의 앞뒤를 생략할 다른 이유를 찾기 어렵기에, 이와 같은 '추측'만이 합리적인 해결책이다. 꾸마라지바역이든, 현장역이든 축약한 경, 즉 '약본'은 독송하기에 편하지만 '원래' 경의 구조를 알 길이 없다. 이후에도 5종의 한역이 등장했으나, 이 두 위대한 역경사의 영향으로 인해 오늘날까지도 『반야심경』은 '원래' 이렇게 되어 있는 줄 알고 있을 정도다.

이와 달리 티벳역의 경우는 산스끄리뜨어 원문의 토씨 하나까지 직역하였다. 다양한 판본들에서 약간의 차이가 있으나 티벳어로 된 것을 산스끄리뜨어로 옮겨, 원문과 비교해 봐도 그 차이를 알 수 없을 정도다. 이렇게 원문에 충실한 티벳의 『반야심경』은 14대 달라이 라마의 대중 법문을 통해 우리에게도 알려지기 시작했다.

이런 티벳 전통에서 한 가지 이채로운 것은 『반야심경』의 해석이 『대품반야경』의 주석서인 미륵彌勒, Maitreyanatha(4세기?)이 지었다는 『현관장엄론現觀莊嚴論』[2]과 게룩빠dge lugs pa[3]

창시자인 쫑카빠Tsongkhapa(1357-1419)가 지은 『선설장론善說藏論』[4]을 근거로 두고 있다는 점이다. 이 두 저작은 모두 유식파의 관점에서 본 반야부 경론의 주석서다.

일반적으로 불교 교학을 구사·인명·유식을 구성적인, 또는 구축적인constructive 불교 교학으로, 그리고 반야·중관을 구축된 말의 세계를 허무는 반구성적인anti-constructive, 또는 비구축적인deconstructive 교학으로 나눌 수 있다.[5] 현밀쌍수顯密雙修를 강조하는 티벳 불교에서 현교顯敎를 체계적으로 정립한 게룩빠 전통은 대승경에 등장하는 공 사상을 논리적으로 설명하기 위해 유식파의 '더' 구축적인 자세를 취한다. 그리고 그다음에 '논리로 논리를 논파하는' 중관파의 공 사상을 담고 있는 용수의 『중론』 등을 배우고, 최종적으로 보리도菩提道, Bodhicarya 사상을 강조하는 유식과 중관이라는 대승의 두

2. 범천 역주, 『현증장엄론 역주』(불광, 2017)가 『현관장엄론』의 역본이다.
3. 달라이 라마 제도를 통해 티벳의 제2차 제정일치 사회를 연 게룩빠는 티벳 최대 종파이자 대표적인 종파이다.
4. 쫑카빠 지음, 범천 역주, 『불경의 요의와 불요의를 분별한 선설장론』, 운주사, 2014.
5. 이에 대한 자세한 내용은 졸저, 『용수의 사유』, 315쪽 등 참조.
'반야부의 공성을 이어받은 용수의 사유는 세속의 문제뿐만 아니라 열반 등의 비세속적인 문제에 대해 언어를 통한 일체의 '개념화 작업'을 거부하는 비구성적(deconstructive)인 성격을 띠고 있다. 이와 반대로 구사론자들의 개념을 발전시킨 유식파는 수행을 위해 사용되는 여러 개념들을 집요하게 사유하고 이를 명확하게 설명하기 위한 구성적인(constructive) 성격을 띠고 있다. …'

사상을 취합하는 특징을 지니고 있다.

이런 체계적인 교학 가운데 유식파의 주석도 강조하는 전통 때문인지 몰라도, 티벳 전통이 마냥 반갑지만은 않다. 예를 들어, 천태지의天太智顗(538-597)의 '오시교판五時教判'에 따라 경율론經律論 삼장三藏을 구분하는 한역 전통[6]과 달리, '깐귤bka' 'gyur, 佛說部'과 '뗀귤bstan 'gyur, 論疏部'로 나누는 티벳 전통에서는 초전법륜을 1차로, 반야부를 2차로, 그리고 근기가 낮은 이들을 위한 자세한 설명인 유식 등을 3차로 나눈다. 그리고 밀교를 더 보태 부처님께서 총 4번의 법륜을 굴리셨다고 주장한다.

삼장을 체계적으로 구분하려는 노력은 원효元曉(617-686)에게도 나타나는데,[7] 불법을 체계적으로 이해하기 위한 각자

6. 자세한 내용은 졸저, 『용수의 사유』, 85쪽 등 참조.

	이름	Chi.,	Skt.,	기간
1	화엄華嚴	화엄경華嚴經	Buddhāvaṁsaka mahāvaipulya sūtra	21일
2	녹원鹿園	아함경阿含經	Āgama	12년
3	방등方等	유마경維摩經 승만경勝鬘經	Vimalakīrtinirdeśa sūtra Śrīmalādevi sūtra	8년
4	반야般若	반야경般若經	Mahāprajñāpāramitā sūtra	22년
5	법화法華 열반涅般	법화경法華經 열반경涅般經	Saddharmapuṇḍarīka sūtra Mahāparinirvāṇa sūtra	8년 하루

7. 원효의 교상판석에 대해서는 다음을 참조.

의 특징을 담고 있는 것일 뿐 역사적 사실은 아니다. 티벳역의 경우, 과도한 유식파의 영향과 인도 후기 불교까지 '깐귤'과 '뗀귤'로 정리한 교상판석 등이 우리가 따르는 한역 전통과 매우 다르다는 점만 짚어 보며 『반야심경』의 구조를 살펴보자.

• •

https://www.ibulgyo.com/news/articleView.html?idxno=80821

반야심경의 구조

— 액자 안의 액자

일반적으로 기사 작성의 필수조건을 육하원칙이라고 부른다. '언제when, 어디서where, 누가who, 무엇what을, 어떻게how, 왜why'로 나누는 것으로, 부처님 말씀을 적어둔 경도 이에 크게 벗어나지 않는다. 물론 대부분은 그 말씀의 주체가 부처님이어야만 경의 지위에 오를 수 있다. 앞에서 인용한 샨띠 데바의 『입보리행론入菩提行論, *Bodhicaryāvatāra*』의 게송처럼, 불전 문학의 시대를 관통하여 탄생한 대승경, 또는 구두언어에서 문자언어 시대를 지난 이후에 모은 경集經인 대승경은 그 이전에 구두 전통으로 이어진 소승경의 구조를 따랐다. 어떻게 정리하든 하나의 체계를 위한 것이지만, 대승경이 부처님의 원음 '흉내'를 내기 위해서는 하나의 '장치'를 갖추어야 했다. 물론 그 장치의 원형은 『아함경阿含經』, 『니까야*Nikāya*』 등으로 불리는 부처님 원음을 기록한 것이다.

본문 해제에서 본격적으로 다룰 것이지만, 다른 것은 몰라도 부처님의 원음이라고 강조하는 소승경도 화자話者의 기록이 아닌 청자聽者의 기록이라는 점만은 분명히 해둘 필요가 있다. 우리가 알고 있는 모든 불경은 청자의 '근기에 따라' 달리 들리는 특성으로 인해 다양한 내용을 포함하여 확대 재생산할 수 있는 구조를 갖추고 있다.

원창 스님은 7종의 한역을 살펴보고 그 구조를 정리했다.[8] 이것을 다시 정리하면 다음과 같다.

서문

1. 서序
2. 공덕功德

본문

3. 문問
4. 답答
5. 색온色蘊
6. 육대六對
7. 사온四蘊
8. 십팔계十八界
9. 십이연기十二緣起
10. 사성제四聖諦

8. 자세한 내용은「부록 1」참조.

11. 지여득智與得

12. 보살菩薩

13. 제불諸佛

14. 공덕呪功

15. 주呪

16. 회향廻向

17. 찬관음讚觀音

18. 유통流通

현장역과 그것을 바탕으로 한 조계종단 『한글 반야심경』은 서문의 1. 서序, 2. 공덕功德뿐만 아니라 15. 주呪 이후의 내용 또한 생략하고 있다. 산스끄리뜨어와 티벳어 『반야심경』의 구조를 살펴보면 다음과 같다.

1. 기록자의 언급
2. 법회가 열린 곳
3 참가 대중

4. 설법자: 관자재보살
5. 청자: 샤리뿌뜨라

6. 법문 본 내용
7. 가르침의 결론
8. 인가
9. 찬탄
10. 마침

이 가운데 6. 법문 본 내용은 다음과 같이 되어 있다.

오온에 대한 부정
육불六不
십팔계에 대한 부정
십이연기에 대한 부정
사성제에 대한 부정

이 부분은 뒤에서 자세히 살펴보기로 하고 총 9개로 나눠 다음과 같이 읽을 수 있다.

1. 기록자의 언급

(이 경은) 이와 같이 나에게 들린 것(을 적은 것이다).

2. 법회가 열린 곳

옛날 한때, 세존께서 왕사성 기사굴산에

3. 참가 대중

큰 비구 무리 및 보살 무리와 함께 계시었다.

4. 설법자: 관자재보살

바로 이때, 세존께서는 '심오한 깨달음'이라는 이름의 깊은 선정에 드셨다. 이때 위대한 보살 관자재보살이 반야바라밀다 수행에 대해 두루 살피고 있었다. (그리고) 오온이 모두 공이라는 것을 깨달았다.

5. 청자: 샤리뿌뜨라

그러자 부처님의 위신력에 (이끌린) 샤리뿌뜨라 존자가 위대한 보살 관자재보살에게 이렇게 묻기를, "어떤 선남자 선여자가 심오한 반야바라밀다를 수행하려고 (한다면) 어떻게 배울 수 있겠습니까?" 이와 같이 묻자 위대한 보살 관자재보살이 샤리뿌뜨라 존자에게 다음과 같이 말했다.

6. 법문 본 내용

오온에 대한 부정
육불六不
십팔계에 대한 부정
십이연기에 대한 부정
사성제에 대한 부정

"샤리뿌뜨라여! 어떤 선남자 선여자가 반야바라밀다를 수행하려고 한다면 이와 같이 (자세히) 관찰해야 한다. 즉, 바로 오온, 이것이 (모두) 공임을 두루 함께 살펴보아야 한다. 색이 공이며 공이 바로 색이다. 색은 공과 분리될 수 없고, 공은 색과 분리될 수 없다. 이와 같이 수, 상, 행, 식도 공이다. 샤리뿌뜨라여! 이와 같이 모든 법들은 공상空相을 지녔으니, 생겨나는 것도 없고, 사라지는 것도 없고, 더러운 것도 없고, 깨끗한 것도 없고, 늘어나는 것도 없고, 줄어드는 것도 없다.

그때, 샤리뿌뜨라여! 공은 색도 아니고, 수도 아니고, 상도 아니고, 행도 아니고, 식도 아니다. 눈도 없고, 키도 없고,

코도 없고, 혀도 없고, 몸도 없고, 마음도 없고, 보는 것도 없고, 듣는 것도 없고, 냄새 맡는 것도 없고, 맛보는 것도 없고, 만지는 것도 없고, 생각하는 것도 없다.

눈이라는 감각 기관 등이 없고, 마음意이라는 감각 기관이 없고, 마음이라는 감각 기관에 의한 인식識도 없다.

무명도 없고, 무명의 다함도 없고, 늙고 죽음도 없고, 늙고 죽음의 다함도 없기에 고집멸도도 없고, (그것을) 안다는 것도 없고, (그것을) 얻는다는 것도 없고, 얻지 않는다는 것도 없다.

7. 가르침의 결론

샤리뿌뜨라여! 그러므로 더 얻을 수 없는 (이것)으로 보살들은 반야바라밀다 경지에 이른다. 고뇌를 갖지 않는 마음으로부터 (보살들은) 소멸하지 않는 열반지정, 되돌아오지 않는 경지에 이른다. 삼세에 머무시는 모든 깨달은 이들은 바로 반야바라밀다 수행을 통해서 위없는 깨달음[무상정등각]을 얻은 것이다. 그러므로 반야바라밀다 만뜨라, 커다란 지혜가 담긴 만뜨라, 더 할 수 없이 높은 만뜨라, 비교할 수도 없고 비교할 것도 없는 만뜨라, 모든 고통을 치료하는 만뜨라, 헤아릴 수 없는 진리인 반야바라밀다 만뜨라를 다음과 같이 읊나니,

"가떼, 가떼, 빠라가떼, 빠라삼가떼, 보디 스와하"

샤리뿌뜨라여! 이와 같이 깨달음을 추구하는 자[보살]들이 배운 것이 바로 이 심오한 반야바라밀다 수행이다."

8. 인가

그때 삼매로부터 깨어난 세존은 위대한 보살 관자재보살의 (이와 같은 설명을 듣고) '좋구나'라는 칭찬의 말씀을 하셨다. "좋구나 좋아! 선남자여 바로 이와 같아라, 선남자여 바로 이와 같아라. 반야바라밀다 수행은 바로 너에 의해 이와 같이 (올바르게) 설명되었구나. (너의 이와 같은 설명은) 공양받아 마땅한 여래들에게 매우 큰 기쁨을 줄 것이다."

이렇게 세존께서는 말씀하셨다.

9. 찬탄

(그러자) 샤리뿌뜨라 존자와 위대한 보살 관자재보살과

주위에 모여 있는 모든 신과 인간, 아수라와 간다르바 등은 이 말씀에 크게 기뻐하였다.

10. 마침

이것으로 반야바라밀다심경을 (모두) 마친다.

원창 스님의 구분과 필자의 구분에서 가장 큰 차이라면 필자는 원창스님의 '12. 보살菩薩'에서 '18. 유통流通'까지의 미세한 부분에 그다지 관심이 없다는 점이다. 대승경이 탄생할 즈음에 주문, 즉 만뜨라가 신행 생활의 일부로 널리 퍼진 결과, 그 흔적을 남긴 것으로 보기 때문이다.

이와 같은 구조를 그림으로 그려보면 다음과 같다.

우리가 보는 〈그림 1〉을 그린 자가 바로 익명의 청자聽者로, 그가 기록한 것이 '액자 1'이다.

'3. 참가 대중' 가운데 '큰 비구 승단'까지는 '눈에 보이는'지라 이해할 만하다. 그렇지만 이후에 나오는 내용은 우리 눈으로 볼 수 있는 것이 아니다. 눈에 보이는 기록은 **'9. 찬탄'**에 나오는 '모든 신과 인간, 아수라와 간다르바 등', 네 가지 중생들 가운데 하나인 우리, 즉 인간 중생이다.

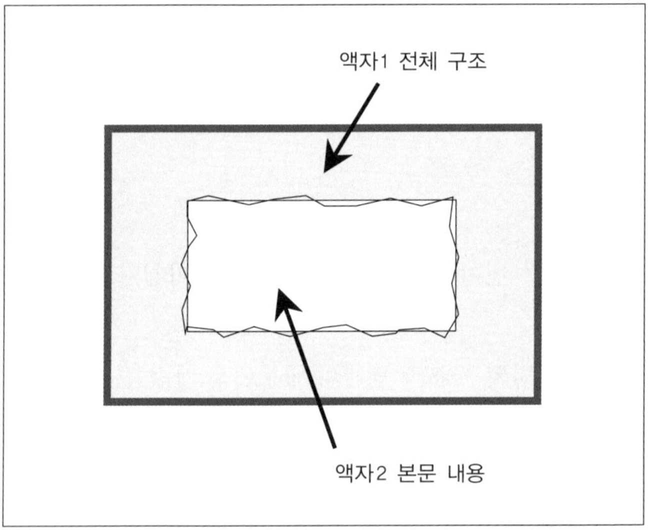

〈그림 1〉

'액자 2'는 '**4. 설법자: 관자재보살**'의 '바로 이때, 세존께서는 깊은 선정으로 다르마를 보시었는데 …'에서부터 '**8. 인가**'의 '그때 삼매로부터 깨어난 세존은 …'까지다. 이 '액자 2'에서 일어난 가르침과 배움은 부처님의 선정 상태에서 일어난 일이기에 우리 눈에는 보이지 않는 것이다. 그러므로 우리는 청자의 기록에 의존할 수밖에 없다.

이와 같이 부처님의 선정 상태에 들어선 묘사를 통해 주장하고 싶은 내용은 '**4. 설법자: 관자재보살**'이라도 등장시켜 구사론자들이 분석해 둔 자성自性, svabhāva, self-characteristics이 있는 것처럼 다른 불교의 주요 개념들에 대한 부정이다. 이런 '직접적인 부정' 덕분에 오온·십팔계 등의 내용이 무엇인지 정확히 알지 못하는 비불교도들도 '색즉시공'과 같은 말을 알게 되었다. 불교도들도 '**5. 청자: 샤리뿌뜨라**'에게 관자재보살이 설한 '**6. 법문 본 내용**'인 '오온에 대한 부정, 육불六不 …' 등의 내용을 자세히 알지 못해도 예불 때마다 이 짧은 경을 독송함으로써, 대승의 근간인 공 사상을 어렴풋이나마 알게 되었다. 내용이야 그렇다 치고, 예불 때마다 '더할 나위 없이 수승한 지혜'인 공 사상을 새기는 셈이다.

반야심경의 도입부

꾸마라지바와 현장은 『반야심경』 도입부를 생략하고 있으나 이후의 한역본에서는 자세히 풀어서 설명하고 있다. 원창 스님은 이와 같은 차이를 약본略本과 광본廣本으로 나누고 있으며 전순환은 소본과 대본으로 나누고 있다.[9] 이와 같은 구분에 따르면, 꾸마라지바역과 현장역은 약본 또는 소본에 해당한다. 이런 구분법과 달리 필자의 경우, 약본과 정본正本으로 나눈다. 왜냐하면 경 자체가 몇 글자 되지 않아 줄일 것도 그다지 많지 않기 때문이다.

이 짧은 경을 다시 축약한 것에 대해서는 각묵 스님의 글을 통해서 그 실마리를 찾을 수 있다.

12. 『상윳따 니까야』의 번역 원칙 몇 가지

초기불전연구원에서 출간하는 본 『상윳따 니까야』 전 6권

9. 자세한 내용은 전순환, 『불경으로 이해하는 산스크리트(반야바라밀다심경편)』, 지식과교양, 2012 참조.

> 을 번역하면서 고수한 원칙 몇 가지를 밝히고자 한다. 이 가운데 가장 중요하면서도 가장 먼저 밝히고자 하는 점은 **반복되는 구문과 정형구들은 생략하여 옮겼다는 것이다. 왜? 이것이 전통적인 방법이기 때문이다.**(이하 필자 강조)
>
> 니까야를 위시한 빠알리 삼장은 전부 독송으로 구전된 것이다. (…) 그러므로 합송대회에서 내용과 음정과 박자가 정해져서 합송된 경들은 독송하는 집단이 면면부절로 이어지는 한 정확하게 전승이 되는 것이다. 지금도 인도의 베다들은 바라문 학도들에 의해서 합송되어 전승되고 있다. (…)
>
> 그런데 이처럼 반복되어 나타나는 부분이나 정형구들을 모두 다 외게 되면 그 분량이 엄청날 수밖에 없다. 그래서 이미 일차 결집 때부터 혹은 결집을 마친 뒤에 각 문파별로 경을 독송할 때부터, **반복되는 부분을 생략하는 원칙들이 만들어졌을 것이다.**
>
> ―『상윳따 니까야』 제1권, 「역자 서문」, 74~75쪽.

위의 인용 가운데 강조한 부분을 통해서 꾸마라지바가 도입부를 생략한 이유를 유추할 수 있다. 즉, 그가 살던 4, 5세기의 독송 문화에서는 반복되는 부분을 생략하는 것이 '전통적인 방법'이었고 현장도 이런 관례에 따랐다고 볼 수 있다. 8세기 인물인 현장이 꾸마라지바처럼 '소리 내어 읽는' 관습에 따라 옮겼다면, 다른 한역 5종의 경우는 책을 '눈으로 읽는' 관습에 따라 도입부도 포함하여 옮긴 게 약본과 정본으로 나뉜 배경이었을 것이다.

오늘날도 널리 유행하고 있는 현장역의 빠진 부분인 첫대목부터 살펴보면 다음과 같다.

1. 기록자의 언급

evaṃ mayā śrutam|
(이 경은) 이와 같이 나에게 들린 것(을 적은 것이다).

에밤 마야 슈르땀!

경經과 경이 아닌 것은 첫 문장을 '이와 같이'를 뜻하는 '에밤'으로 시작하느냐와 그렇지 않으냐에 따라 나눠진다고 해도 과언이 아니다.

한역의 여시아문如是我聞을 우리말로 '이와 같이 내가 들었다'로 번역한다. 피동被動 표현을 자제하고 능동能動으로 표현하는 것이 대세라, '이와 같이 내가 들었다.'라고 옮기는 것이 오늘날에는 '좋은 글'이다. 그렇지만 산스끄리뜨어로 '나I'를 뜻하는 '아스마드asmad'의 주격인 '아함aham' 대신에 도구격인 '마야mayā'를 쓴 것은 집경자의 의도인 부처님의 말씀을 높이고 자기 자신을 낮추기 위한 장치다. 그리고 이어지는 '들린 것'인 '슈르땀śrutam'은 '이와 같이'를 뜻하는 불변사인 '에밤evaṃ'과 같은 격을 취하고 있다. 즉, 자기 자신을 최대한 낮추고 피동적인 존재로 만들려고 일부러 쓴 것이다.[10]

이것은 소승경에서부터 내려온 전통적인 작법으로, '과거수동분사[p.p.p.]'로 명사를 만드는 방법에 입각한 하나의 전형구가 이어져 온 것이다.

산스끄리뜨어를 그대로 옮긴 티벳역도 이 특징에서 벗어나지 않는다. 이 부분은 '디께 닥기 퇴빠뒤 찍나'di skad bdag gis thos pa dus gcig na'로, 일반적으로 쓰이는 격의 변화가 없는 주격인 '나nga'나 '닥bdag' 대신에 도구격인 '닥기bdag gis'를 쓰고 있다.[11] 그리고 '이 말씀은 나에게 들린 것이다. 한때

10. 국민시로 널리 알려진 한용운의 『님의 침묵』의 '님'을 대하는 화자의 '자신을 절대적으로 낮추는 자세'가 곧 집경자(集經者)의 자세가 아닐까 한다. 이런 자세에 따라 '과격'하지만 가장 정확하게 오늘날의 표현으로 옮기면 다음과 같다.

이 경은 이와 같이 나에게 들린 것을 다음과 같이 적은 것이다.

~'로 다음 문장과 이어진 구조를 취하고 있어 산스끄리뜨어와는 문장을 끊어 읽는 데 차이가 있다.

어찌 되었든 소승경을 그대로 차용한 '에밤 마야 스루땀', '디께 닥기 퇴빠뒤 찍나', 그리고 '여시아문'이라는 도입부는 이후의 불전 문학의 여러 파편을 부처님의 원음처럼 포장할 수 있는 정형구가 되었다. 이제 부처님이 '언제, 어디서, 누구'와 함께 있었는지 살펴보자.

2. 법회가 열린 곳과 3. 참가 대중

> ekasmin samaye bhagavān rājagṛhe viharati sma gṛdhrakūṭe parvate mahatā bhikṣusaṃghena sārdhaṃ mahatā ca bodhisattvasaṃghena|
>
> 옛날 한때, 세존께서 왕사성 기산굴산[12]에 큰 비구 무리 및 보살 무리와 함께 계시었다.

11. 티벳어는 주격인 경우 변화하지 않고 그 대신에 도구격인 '기, 끼, 기, 이, 이(gis, kyis, gyis, -s)'를 써서 문장을 구성한다. 이런 특징으로 인해 티벳어에서 주격과 '주격으로 쓰이는' 도구격을 명확하게 구분하기 어렵다.
12. 영축산(靈鷲山), 즉 독수리 둥지가 있는 산이라는 뜻을 음차로 적은 것이다.

처음에 등장하는 '에까스민 사마예ekasmin samaye ~ 스마sma ~ '를 쉽게 풀어쓰면 '옛날 옛적에 ~이 있었다.' 정도 된다. 이 표현은 현재형 동사를 사용하면서 불변사인 '스마sma'를[13] 써서 과거형으로 표시하는 방법이다. 명확한 성수격性數格을 표현하면서도 운율을 맞추던 산스끄리뜨어 게송 작법에서 좀처럼 보기 어려운 이런 표현은 '과거에 있었던' 또는 '있었을 법한' 일을 지금 여기서 느끼게 해주는 문학적 수사일지 모른다.

그리고 이어지는 '바가바뜨bhagavat'의 1인칭 주격인 '바가반bhagavān'에는 세존世尊이라는 뜻 이외에도 다양한 뜻이 있다. 이런 다양한 뜻 때문에 현장은 세존이라 옮기지 않고 '박가범薄伽梵'이라는 음차로 썼다. 이것은 현장이 인도에서 머물며 '세존'이라 통칭하여 부르기에는 '바가반'의 용례에 너무나 다양한 뜻이 있었기 때문에 '세상에서 존경받는 이'를 뜻하는 '세존'이라 옮기지 않은 듯하다.

필자가 인도에 머물 때는 현장이 다녀가고 1천5백여 년이 흐른 뒤였으나 "어이~, 바가반!"은 '하나님 맙소사!' 정도의 뜻으로 일상에서도 자주 쓰였다. 인도 유학파인 현장도 인도

13. 전순환은 이 '스마(sma)'의 용법에 대해서, '불변화사 sma는 동사와 결합하여 행위 또는 행동이 과거에서 습관적으로 일어났고, 이것이 현재까지 계속되고 있음을 표현한다.'라고 적고 있다. 전순환, 같은 책, 327쪽 참조.

에서 느꼈던 이런 다양한 용례 때문에 음차를 선호했지만, 의역이든 음역이든 그 이유만 명확히 알면 된다.

이어지는 내용인 '어디서where'와 '누구와 함께together with whom'는 생각해 볼 지점이 있다. 첫 번째는 '과연 반야부 경전을 부처님이 직접 설했느냐?'는 부분이다. 일반적으로 학계에서는 반야부 경전은 기원전 2세기 무렵 남인도에서 시작된 것으로 간주하고 있다.

한국의 불교도들에게 친밀한『금강경』의 원래 이름은『금강반야바라밀경金剛般若波羅蜜經, *Vajracchedikā Prajñāpāramitā Sūtra*』으로, 이 경만 부처님 재세시 거의 북쪽 변방 끝이었던 '사위성舍衛城, Śrāvastī'의 기원정사祇園精舍, Jetavana를 설법지로 삼은 것을 빼고, 그 외의 반야부 경전들은 왕사성 영축산靈鷲山을 배경으로 하고 있다. '왕사성'을 뜻하는 '라자그라rājagṛha'의 '독수리봉' 또는 '영축산'을 뜻하는 '그리드라꾸타gṛdhrakūṭa'가 반야부 경론의 설법지가 된 배경을 따져보면, 이곳이 어디인지 제대로 몰랐기에 가능한 일인 듯싶다.

대승경의 집경지는 해당 지역이 아닌 경우가 대부분이다. 왜냐하면 현지에서 그런 일이 직접 일어났다고 주장할 때는 '목격자'가 너무 많기 때문이다. 스리랑카에서 설했다는『입능가경入楞伽經, *Laṅkāvatāra Sūtra*』, 즉 '스리랑카에서 들어와 전했다는 말씀'이나, 바라나시의 장자인 유마維摩, Vimalakīrti라는 가상의 인물을 등장시킨 『유마경維摩經, *Vimalakīrti sūtra*』을 스리랑카나 바라나시에서 짓지 않은 것도 같은 이유다. 이처럼 '증인'이 너무 많은 곳을 피한 뒤, 무언가 있어 보이는 곳을 택해 '부처님께서 직접 설했다.'라는 것이 훨씬 더 대중에서 설득력이 있었을 것이다.

이와 마찬가지로 중인도나 북인도의 발달한 교학 체계에 대해 따라가기 벅찼던 남인도라는 변방의 수행자들은 불법의 핵심인 '직접적인 괴로움에서 벗어나기'에 좀 더 집중하며 공 사상을 발전시켰고 초월적 존재로서의 부처님을 강조하는 보살 사상을 체계적으로 가다듬었다. 이와 같은 목적에 맞는 곳으로 왕사성이 제격이었다.

'라자그라rājagṛha', 즉 '왕王, rāja이 머무는 곳舍, gṛha'은 그 이름만으로도 권위가 생겨날 수 있는 곳을 뜻한다. 실제 이곳은 통일 전쟁기였던 부처님 재세시, 제일 강력한 왕국인 마가다의 수도였다. 마가다의 서북 변방이었던 사꺄왕국이 친족 체계의 군소왕국이었던 것에 비해 전제군주정으로 넘어가던 마가다는 강력한 패권국가였기에, '왕사성'이라는 이름이 가진 권위는 다른 어떤 곳보다 우월했다. 또한 이곳은 성도지인 보드가야와 가까운 거리에 있을 뿐만 아니라, 이 경에서 질문자로 등장하는 샤리뿌뜨라의 고향이기도 하다.[14] 그의 고향 땅에 세워진 것이 나란다

대학이기도 하니 공 사상을 강조하기 위한 무대로 이만한 곳이 없었다.

그 이름만으로도 무언가 특별하게 느껴지는 왕사성의 뒷산이 '독수리봉'을 뜻하는 '영축산' 또는 '영취산靈鷲山'인 '그리드라꾸타gṛdhrakūṭa'는 도성都城 뒷산의 나지막한 곳이다. 이곳에서 부처님께서 많은 안거를 지냈던 것과 1차 결집이 이 인근에서 일어났던 '사실적 근거'가 이곳에서 반야부 경론을 설했다는 '전통의 가공'에 큰 힘을 보탰을 것이다.

이와 같이 있었을 법한 일을 통해서 권위를 높이는 방법은 불전 문학에서 애용하는 방법이다. 불전 문학에는 이곳에 있는 동굴 안에서 1차 결집이 열렸으며, '신통으로 몸을 줄일 수 있는 자'만이라고 참석자의 제한을 두고, 아직 아라한과에 이르지 못한 아난을 배제하는 대목이 나온다. 그 무대도

14. '사리뿟다 존자(āyasmā Sāriputta)는 날란다 지방의 큰 바라문 가문에 태어났으며 초기불전에서 우빠띳사(Upatissa)라 불리기도 하는데 그의 이름임에 분명하다(M.i.150; V.i.42 등). 어머니의 이름이 사리(Sārī)였기 때문에 사리뿟따(Sāriputta, 사리의 아들)로 불리게 된 것이다. 그는 불가지론자였던 산자야 벨랏따뿟따(Sañjaya Belaṭṭhiputta)의 제자였는데 오비구 가운데 한 분이었던 앗사지(Assaji) 존자가 읊는 게송의 첫 번째 두 구절을 듣고 예류과를 얻었다고 한다. …' 자세한 내용은 각묵(역), 『상윳따 니까야』 제3권, 「사리뿟따 상윳따(S28)」, 초기불전연구원, 2009, 573~582쪽 참조.

바로 이곳이었다. 반야부를 비롯한 대승경도 이런 시대적 흐름에 따라, 즉 역사를 신화와 섞어 쓰는 당대의 분위기에 따라 경전을 집경했다.

다음에 이어지는 비구 무리[15] 및 보살 무리, 즉 '보디삿뜨바 상가bodhisattvasaṃgha'가 함께 참석했다는 것은 소승과 완전히 멀어진 대승의 출현을 뜻한다. 왜냐하면 이것은 보살 사상이 완전히 자리를 잡은 이후에 이 경이 집경되었음을 뜻하기 때문이다. 불교학계에서는 일반적으로 보살 사상은 대중부가 붓다를 초월적 존재로 간주하면서부터 생겨난 것으로 보고 있다.[16] 이후 이 사상은 대승의 주요 골격을 이루며 불교적 세계관인 삼계 육도를 정립하는 과정에서 체계적으로 자리 잡게 되었다. 가장 대표적인 것은 우리에게 『화엄경』의 십지十地로, 이것은 보살의 경계를 따라가다 보면 불지佛地, 즉 '깨달음의 땅'에 이를 수 있다는 뜻이다.

이처럼 보살이 등장하는 법석이 깔린 이상, 소승경과는 다른 형태의 설법이 나와야 한다.

15. '비구 상가 및 보살 상가'나 '비구 상가 및 보살 무리'로 옮길 수 있으나, 이때는 상가의 특징보다 많은 대중이 모인 것을 가리키는 것인지라, '무리'로 옮겼다.

16. 자세한 내용은 「부록 2」 참조.

tena khalu samayena bhagavān gambhīrāvasaṃbodhaṃ nāma samādhiṃ samāpannaḥ| tena ca samayena āryāvalokiteśvaro bodhisattvo mahāsattvo gambhīrāyāṃ prajñāpāramitāyāṃ caryāṃ caramāṇaḥ evaṃ vyavalokayati sma| pañca skandhāṃstāṃśca svabhāvaśūnyaṃ vyavalokayati||

바로 그때, 세존께서는 '심오한 깨달음'이라는 이름의 깊은 선정에 드셨다. 그때 위대한 존재, 성스런 관자재보살이 심오한 반야바라밀다 수행에 대해 두루 살피고 있었다. 그리고 (그는) 오온의 자성들이 모두 공이라는 것을 깨닫고 있었다.

한역의 경우, '심오한 깨달음의 선정'이라고 옮긴 '감비라바삼보따gambhīrāvasaṃbodha'의 '이름', 즉 '나마nāma'를 '사마딤사마빤나흐samādhiṃ samāpannaḥ'라고 적어둔 것에 대해서는 저마다 견해가 다르다.

자세히 살펴보면, 법월은 '득삼매총지 주불사의해탈得三昧總持 住不思議解脫'이라고 풀어서 썼다. 이와 달리 반야와 이언은 '입삼매 명광대심심入三昧 名廣大甚深'으로 옮기며, 구조는 직역하면서도 뜻은 풀어썼다. 그리고 지혜륜도 '입삼마지 명광대심심조견入三摩地 名廣大甚深照見'이라고 '삼마지'를 음차로, 그리고 '광대심심조견'이라며 풀며 혼용하여 썼다. 법성의 경우, '입심심명료삼마지入甚深明了三摩地'라고 쓰며, 그것의 이름이 무엇인지에 대해서는 생략했다. 시호의 경우, '이름'을 뜻하는 명名 대신에 설說을 쓰며, '입심심광명선설정법삼마지入甚深光明宣說正法三摩地'로 나름 정리하여 썼다.

이와 같은 역경사들이 저마다 자기 견해를 가지고 옮기는 것은 어떤 통일적 원칙을 가지고 있지 않았던 한역의 전통에서는 '충분히 일어날 수 있는 일'이다. 저마다 선정 상태에 대한 정의가 다르기 때문이다.

통일된 역경을 강조하는 티벳역도 이 문제에 대해서는 자유스러울 수 없기는 마찬가지다. 티벳역의 경우, '잠모낭와 셰자왜 최기 남닥끼 띵네진라 뇜빨 슉쏘zam mo snang ba zhes bya ba'i chos kyi rnam grangs kyi ting nge 'dzin la snyoms par bzhugs so'라며 부처님께서 머무신 선정의 이름을 풀어서 썼다. '이름하여~'이라고 옮길 수 있는 '셰자왜zhes bya ba'i'로 이어지는 내용이 바로 이 대목이다. 동시 통역사가 달라이 라마 법문 가운데 '미묘 현현微妙 顯現'으로 옮기는 '최기 남닥끼 띵네진hos kyi rnam grangs kyi ting nge 'dzin'을 풀어보면, '법法의 다양한 모습들을 두루 살펴볼 수 있는 선정'이라는 뜻이다.

이어지는 산스끄리뜨어의 원문인 '사마딤 사마빤나흐

samādhiṃ samāpannaḥ'를 풀어보면, '사마디'는 선정 상태를 가리키고, '사마빠나'는 선정 상태이기는 마찬가지지만 'completed, perfect'라고 강조한 것이 눈에 띈다. 즉, 애초에 이것은 이어지는 내용을 알 수 있는 부처님만이 이를 수 있는 특별한 경계의 '심오한 선정 상태'를 가리키기 위해서 조합한 것이다. 그리고 그 선정 상태에서만 볼 수 있는 내용이 바로 자신의 자비 화신인 관자재보살이 실존 인물인 샤리뿌뜨라와 대화를 나누는 장면이다.

이런 깊은 선정을 등장시키면 '억지 같은' 관자재보살과 샤리뿌뜨리와의 대화가 '자연스럽게' 된다.

아리아 아바로끼떼스와라 보디삿뜨바 마하삿뜨바
(āryāvalokiteśvara bodhisattva mahāsattva)

'위대한 존재, 성스런 관자재보살'이라고 옮긴 이 수식어는 이 짧은 경에 격변화를 하며 총 5번 등장한다. '1) 위대한 존재, 2) 깨달은 존재, 3) 성스런 관자재'라는 뜻으로, '깨달은 존재'를 뜻하는 '보디삿뜨바bodhisattva'를 고유 명사로 취급하면 관자재보살이 된다. 다른 경과 달리 이 경에서 직접 공성의 법을 설하는 자가 바로 부처님의 자애와 연민의 화신, 즉 자비의 화신인 관자재보살이라는 것은 아무리 강조해도 부족하다. 자비행의 근간이 바로 이 공성의 지혜라는 것을 강조하기 위해서 지혜의 화신인 문수보살이 아니라 자비의 화신인 관자재보살을 설법자로 두고 있는데, 이는 불교가 강조하는 자비의 실천행과 그것의 바탕이 되는 지혜가 함께 강조되기 때문이다.

수식어가 후행後行하는 것으로 보고 어원을 풀어보면, '위대한 존재'를 뜻하는 '마하삿뜨바mahāsattva', '보살'을 뜻하는 '보디삿뜨바bodhisattva', 그리고 '성스런'이란 수식어인 '아리아ārya'와 '아바로끼떼스와라avalokiteśvara'로 되어 있다. 이것을 한역한 것이 관세음과 관자재이다. 산스끄리뜨어에 따라 '관자재'를 해자해 보면, 접두어인 '아바ava-'에는 '아래'를 뜻하는 'down'이라는 뜻이 있고, 어근 '로끄√lok'에는 '보다, 관찰하다, seen, beheld, view'라는 뜻이 있으니, '아바로끼따'는 '아래를 봄, 아래를 관찰, 아래를 관觀' 등이라는 뜻이 된다. 그리고 인격신을 뜻하는 '이스와라iśvara'와 결합하며 'a+i=e'로 되는 삼디saṃdhi, 즉 음가가 변하는 계차 현상으로 인해, '아바로끼떼스와라'는 '(세상을) 내려다보며 관찰하는 인격신'이라는 뜻이 된다.

이와 달리 관세음, 또는 관음의 경우는 훨씬 복잡한 단계를 거쳤다. 다양한 논의들이 아직도 진행 중이지만, 한 가지 확실한 것은 정통 산스끄리뜨어가 현장에 의해 본격적으로 한역에 적용되기 이전에 이미 관음 사상이 중국에 자리 잡고 있었다는 점이다. 이것에 대해서는 크게 두 가지로 나눠볼 수 있다. 먼저 삼디 현상이 빠진 '아스와라asvara'에 대한 불명확한 표기다. 삼디 현상으로 음가가 바뀐 '인격신'을 뜻하는 '이스와라iśvara'와 달리, 원래 음가인 '아스와라asvara'에는 'having a bad or croaking voice' 등 '고통에 찬 비명'이라는 뜻이 있다. 비록 'ś'와 's'음의 음가 차이는 있지만, 정통 산스끄리뜨어가 정착되기 이전 북인도 간다라 지방어인 '간다라어Gāndhārī'의 경우, 이런 작은 차이는 크게 논할 것이 못 된다.[17] 또한 당시 북인도에 유행하고 있는 타력 신앙의 영향도 빼놓을 수 없다.[18] 어떤 경로를 밟았든 예전부터 유행하던 여신 숭배 또는 관음 사상에 산스끄리뜨어 원문을 강조했던 현장이 옮긴 '관자재보살'이 덧보태진 게 오늘날의 모습이다. 덕분에 기도할 때는 "관세음보살"을 읊조리고 『반야심경』을 독송할 때는 '관자재보살'이라 부르지만, 자애와 연민의 실천행을 하기 위해서는 지혜를

17. 필자의 블로그 참조. https://blog.naver.com/patiensky/120129319392
18. 자세한 내용은 다음 참조. http://encykorea.aks.ac.kr/Contents/Item/E0004915 '이란의 수신(水神)인 동시에 풍요의 여신인 아나히타가 당시 간다라 지방에서 나나이야 여신 및 아르드후쇼 여신으로 정착되어 있었으므로 관음보살은 이 여신이 불교화된 것으로 추정한다.'

갖추어야 한다는 점은 같다.

법문을 이끌고 나갈 주체인 관자재보살은 이때 '심오한 반야바라밀다 수행에 대해 두루 살피고' 있었다고 하니, 앞으로 나올 주제를 넌지시 가르쳐주고 있다.

이어지는 내용이 현장역의 '조견오온개공照見五蘊皆空'으로, '빤짜 스칸담스땀스짜 스바바바슌얌 브야바로까야띠pañca skandhāṃstāṃśca svabhāvaśūnyaṃ vyavalokayati'이다. 다른 한역본들과 비교하면 큰 차이가 없으나, 현장역의 '도일체고액度一切苦厄'이 원문에 없는 것은 판본이 다른 경우를 짐작하게 한다.

한 가지 흥미로운 것은 티벳역으로 '풍뽀 나뽀 데닥 라양 랑쉰 기 똥빨 남빨 따오phung po lnga po de dag la yang rang bzhin gyis stong par rnam par lta'o'로 되어 있다는 점이다. 산스끄리뜨어 원문과 이 티벳역을 비교하면 다음과 같다.

빤짜 스칸담스땀스짜 스바바바슌얌 브야바로까야띠
(pañca skandhāṃstāṃśca svabhāvaśūnyaṃ vyavalokayati)

풍뽀 나뽀 데닥 라양 랑쉰 기 똥빨 남빨 따오
(phung po lnga po de dag la yang rang bzhin gyis stong par rnam par lta'o)

산스끄리뜨어 원문은 단수형으로 되어 있지만 티벳역은 '데닥 라양de dag la yang'으로 복수형으로 옮기고 있다. 원문은 오온을 하나로 보았지만 티벳역은 이것을 색수상행식으로 이어지는 것으로 보았든, 혹은 다른 것이 생략된 것으로 보았든, 무언가 다른 것이 들어 있는 것으로 보았기에 복수형으로 옮겼을 것이다.

여기에 불변사인 '짜ca'를 강조한 것이 '라양la yang'으로, 일반적으로 접속사인 '~와, 그리고, and' 등으로 쓰이지만 여기에서는 '게다가, ~에 더해, moreover, as well as' 등의 뜻이 있다. 달라이 라마는 법문 때마다 '오온조차도 공하다.'라며 '~조차도'라고 강조한 것이 바로 이 '라양'을 우리말로 옮긴 것으로 한역에 없는 부분이다. 일반적으로 접속사를 생략하고 옮긴 것이 한역이라, '빤짜 스칸담스땀스짜pañca skandhāṃstāṃśca'를 옮긴 한역이 통일적으로 '짜'를 옮기지 않았다고 오역이라 말할 수 없다.

'오온조차도 공하다.'라는 언급이 뜻하는 바는 오온적 존재인, 즉 '인식 대상色을 파악하는 식識을 가진 존재'인 일체 유정有情이 연기적 존재라는 것을 강조하기 위한 것이다. 그러므로 '조견오온개공照見五蘊皆空'의 의미만이라도 제대로 파악하면, 그 안에 들어 있는 인식 주체의 연기성은 자연스럽게 강조된다.

이 대목에서 빼놓을 수 없는 것은 한역의 공空과 공성空性의 차이다. 산스끄리뜨어 원문의 경우 여성형 명사인 '슌야śūnya'나 형용사형인 '슌야따śūnyatā'의 경우 2음절과 3음절 등 음절의 차이만 있을 뿐, 그 뜻에는 차이가 없다.[19] 게송, 즉 정형시 형식인 '슈로까śloka'를 짓기 위해서는 성수격의 일치뿐만 아니라, 음절의 숫자가 중요하다. 2음절인 여성형인 '슌야'를 쓰면 게송 전체를 여성형에 맞춰야 한다. 그렇지만 3음절인 형용사형인 '슌야따'는 남성형·중성형·여성형에 두루 쓸 수 있다. '정형시'에 익숙한 당대의 지식인들에게는 2음절이나 3음절, 성수격에게 맞춰 게송을 짓는 것 등은 그다지 어렵지 않은 문제였을 것이다. 그렇지만 한역의 '~하는 성性'이나 티벳역의 '그 자체'를 뜻하는 '니nyid'에는 무언가 특별한 의미가 숨어 있는 것처럼 여기기 쉽다. 원문을 다른 언어로 옮길 때마다 생기는 이런 '언어의 충돌'을 이해하면, 공과 공성은 산스끄리뜨어 정형시의 흔적일 뿐임을 알 수 있다.

19. '슌야'와 '슌야따'를 티벳어로는 '똥빠(stong pa)'나 '똥빠니(stong pa nyid)' 또는 줄여 '똥니(stong nyid)'라 부른다. 달라이 라마의 법문 때마다 공과 공성의 차이에 관한 질문이 나오는데, 의미상의 어떤 차이도 없다고 강조한다. 그렇지만 여기서처럼 산스끄리뜨어의 게송 작법과 음운학적 차이에 대해서는 언급하지 않는다.

이어지는 내용인 '스바바바순얌svabhāvaśūnyaṃ'과 '랑쉰 기똥빠rang bzhin gyis stong par', 즉 '자성이 공한 것'은 이어지는 가르침의 핵심인 만큼 '**6. 법문 본 내용**'에서 자세히 살펴보도록 하겠다.

athāyuṣmān śāriputro buddhānubhāvena āryāvaloiteśvaraṃ bodhisattvametadavocat– yaḥ kaścit kulaputro [vā kuladuhitā vā asyāṃ] gambhīrāyāṃ prajñāpāramitāyāṃ caryāṃ cartukāmaḥ, kathaṃ śikṣitavyaḥ? evamukte āryāvalokiteśvaro bodhisattvo mahāsattvaḥ āyuṣmantaṃ śāriputrametadavocat–

그러자 부처님의 위신력에 (이끌린) 샤리뿌뜨라 존자가 위대한 보살 관자재보살에게 이렇게 묻기를, "어떤 선남자 선여자가 심오한 반야바라밀다를 수행하려고 (한다면) 어떻게 배울 수 있겠습니까?" 이와 같이 묻자 위대한 보살 관자재보살이 샤리뿌뜨라 존자에게 다음과 같이 말했다.

이 문장을 티벳역에서는 '데네 쌍게끼 튀de nas sangs rgyas kyi mthus'라고 '그때 부처님의 위신력에 (이끌린)'라고 옮긴 '붓다누바베나buddhānubhāvena'[20]를 떼놓고 옮기고 있다. 그리고 이어지는 문장은 샤리뿌뜨라와 관자재보살 사이에서 묻고 답하는 부분이다.

반야부 경전을 대할 때마다 등장하는 샤리뿌뜨라, 즉 샤리 집안의 아들을 뜻하는 사리자舍利子가 등장하는 것은 한역 전통에서 '지혜 제일'이라고 알려진 장로長老도 알지 못하는 것이 바로 공성이라는 것을 강조하기 위해서였다. 특히, 법회가 열린 곳인 왕사성 출신인 그는 자이나교에서 자기 제자들과 함께 불법에 귀의한 인물이기도 하고, 부처님을 대신해 설법했을 만큼 당대에 영향력이 컸던 인물이었다. 그러므로 그가 질문하는 것만으로도 소승에서 해결하지 못한 문제를 다루는 대승의 수승함이 강조되는 셈이다. 더 나아가 '지혜 제일'이라 불리는 그가 '최고로 수승한 지혜'가 무엇인지도 몰라 부처님의 위신력에 이끌려 질문하는 형식을 취하고 있으니, '대승'이라는 말을 처음으로 썼던 반야부 집경자의 의도가 제대로 반영된 부분이다.

문장을 살펴보면, 첫 구절에 등장하는 '아타유스만athāyuṣ

20. 전순환은 '붓다누바베나(buddhānubhāvena)'를 '부처에 견줄만한 힘으로'와 '부처님의 위신력을 이어받아 [합장하고 공손하게]'라고 옮기고 있다. 『동방성전(*The Sacred Books of the East*)』의 편역자 막스 뮐러(Max Müller)는 'through Buddha's power'로 옮겼다. 전순환, 같은 책, 391~340쪽 참조. 여기서는 '일반인의 눈에 보이지 않는 관자재보살을 볼 수 있는 깨달음의 힘' 또는 '보이지 않는 경계에서 벌어지는 일을 보는 힘' 정도로 보았다.

mān'은 '그때'를 뜻하는 불변사 '아타atha'와 한역에서 '장로'로 옮기는 '아유스만ayusman'이 합쳐진 단어로, 티벳역에서는 '체당 덴빠tshe dang ldan pa'로 쓰고 있다. 영어의 존칭어인 'venerable'로, 우리말로 '존자尊者'라는 뜻이다. 이후 이어지는 '까스찌뜨 꾸라뿌뜨라흐 꾸라두리따kascit kulaputrah kuladuhita'는 한역 경전에 등장하는 '선남자, 선여자'를 뜻하는 관용적 표현이다. 한가지 재미난 점은 역본에 따라 '선여자'를 뜻하는 '꾸라두히따kuladulita'가 생략되어 있다는 점인데, 이 판본도 마찬가지인 게 문제로 보였는지 일부러 괄호 안에 첨언하고 있다.

여기까지 부처님이 아닌 관자재보살이 설법하기 위한 〈그림 1〉의 도입부가 모두 갖추어졌다.

반야심경의 주요 내용

이제부터 우리가 새겨야 할 본격적인 법문 내용이다. 앞선 구분에 따르면 다음과 같다.

6. 법문 본 내용 ①

오온에 대한 부정

육불六不

십팔계에 대한 부정

yaḥ kaścicchāriputra kulaputro va kuladuhitā vā [asyāṃ] gambhīrāyāṃ prajñāpāramitāyāṃ caryāṃ cartukāmaḥ, tenaivaṃ vyavalokitavyam–pañca skandhāṃstāṃśca svabhāvaśūnyān samanupaśyati sma| rūpaṃ śūnyatā, śūnyataiva rūpam| rūpānna pṛthak śūnyatā, śūnyatāyā na pṛthag rūpam| yadrūpaṃ sā śūnyatā, yā śūnyatā tadrūpam| evaṃ vedanāsaṃjñāsaṃskāravijñānāni ca śūnyatā| evaṃ śāriputra sarvadharmāḥ śūnyatālakṣaṇā anutpannā aniruddhā amalā vimalā anūnā asaṃpūrṇāḥ|

"샤리뿌뜨라여! 어떤 선남자 선여자가 반야바라밀다를 수행하려고 한다면 이와 같이 관찰해야 한다. 즉, 바로 오온, 이것이 (모두) 공임을 두루 함께 살펴보아야 한다. 색이 공이며 공이 바로 색이다. 색은 공과 분리될 수 없고, 공은 색과 분리될 수 없다. 이와 같이 수, 상, 행, 식도 공이다.

샤리뿌뜨라여! 이와 같이 모든 법들은 공상空相을 지녔으니, 생겨나는 것도 없고, 사라지는 것도 없고, 더러운 것도 없고, 깨끗한 것도 없고, 늘어나는 것도 없고, 줄어드는 것도 없다.

이 단락은 크게 세 부분으로 나눠볼 수 있다.

첫 번째는 다음과 같다.

샤리뿌뜨라여! 어떤 선남자 선여자가 반야바라밀다를 수행하려고 한다면 이와 같이 관찰해야 한다. 즉, 바로 오온, 이것이 모두 공空임을 두루 함께 살펴보아야 한다. 색이 공이며 공이 바로 색이다. 색은 공과 분리될 수 없고, 공은 색과 분리될 수 없다. 이와 같이 수, 상, 행, 식도 공이다.

두 번째는 한번 끊어 읽는 부분이다.

사리뿌뜨라여! 이와 같이 모든 법들은 공상空相을 지녔으니,

세 번째는 남은 부분이다.

생겨나는 것도 없고, 사라지는 것도 없고, 더러운 것도 없고, 깨끗한 것도 없고, 늘어나는 것도 없고 줄어드는 것도 없다.

본격적인 법문의 내용인 첫 번째 부분을 풀어보면 다음과 같다.

문장의 특징은 앞에서 관자재보살이 생각했던 것을 그대로 가져왔다는 점이다.[21] 이것은 경이 가진 구두口頭 전통의

21. 'pañca skandhāṃstāṃśca svabhāvaśūnyaṃ vyavalokayati||'를 'pañca skandhāṃstāṃ śca svabhāvaśūnyān samanupaśyati sma'로, 그 차이란 'svabhāvaśūnyaṃ'이라는

흔적이다. 명사를 부정하는 내용이 거의 전부인 여기서 눈여겨볼 부분은 '두루 함께 살펴보아야 한다.'라고 옮긴 '사마누빠스야띠samanupaśyati' 정도다. 해자解字를 해보면, '~와 함께, together with'를 뜻하는 접두어 '삼saṃ-'에 '각각을, 차례대로, 순차적으로, each by each, orderly, methodically'를 뜻하는 접두어 '아누anu-'와 '보다'라는 뜻인 어근 '빠스√paś'의 단수, 현재형으로 되어 있다. 그리고 '분리된, 나누어진' 등을 뜻하는 불변사인 '쁘르따끄pṛthak'를 연음 작용으로 바뀐 '쁘르따그pṛthag'로 쓰고 있다.

오늘날 널리 알려진 '위빠사나vipaśana'는 지관쌍수止觀雙修 가운데 관법觀法을 뜻하는 것으로, '보다'를 뜻하는 어근 '빠스' 앞에 '자세히, 나누어서, 분分' 등을 뜻하는 접두어 '비vi-'가 붙은 파생어이다. 여기서는 '동시에, 함께'를 뜻하는 '삼'과 '순차적으로, 체계적으로'를 뜻하는 '아누'와 함께 결합하고 있으니, '두루 함께 자세히, 또는 체계적으로' 살펴봐야 함을 강조하고 있는 것이다.

일반적으로 불교 경론 가운데 반야부 경론은 잡雜 산스끄리뜨어, 즉 '하이브리드 산스끄리뜨어hybrid Sanskrit'라 부르며, 정통 산스끄리뜨어의 성수격性數格의 정확한 일치에 조그만

• •

단수형을 'svabhāvaśūnyān'이라는 복수형으로 바꾼 것 정도다.

여유를 준다. 여기에 해당하는 것이 '색이 공이며 공이 바로 색이다. 색은 공과 분리될 수 없고, 공은 색과 분리될 수 없다.'라고 옮긴 '슌야따이바 루빰, 루빠나 쁘르탁 슌야따, 슌야따야 나 쁘르탁 루빰śūnyataiva rūpam| rūpānna pṛthak śūnyatā, śūnyatāyā na pṛthag rūpam|'이다.

형용사형 '슌야따'는 격변화 하지 않고 그대로 둔 채 '색色'을 뜻하는 중성 명사인 '루빠rūpa'만 주격으로 격변화하고 있는 것은 정통 산스끄리뜨어에서는 용납할 수 없는 문법적 오류이지만 반야부 경론에서는 크게 따지지 않는다.[22]

여기서 '공이란 무엇인가?'를 한번 살펴보자. 이 질문에 답은 『중론』의 다음 게송만으로도 충분하다.

> 연기緣起인 그것
> 바로 그것을 공성空性이라고 말한다.
> 바로 그것에 의지하여緣 시설施設된 것假名
> 그 자체가 바로 중도中道이다.
>
> ─ 졸역, 『중론』, 「제24품 (사)성제에 대한 고찰」, [362 (24-18)]번 게송.

22. 전순환의 이전 연구를 통해서 '슌야따(śūnyatā)'는 단수 주격으로, '슌야따야(śūnyatāyā)'는 단수 도구격임을 확인할 수 있었다. 자세한 내용은 같은 책, 292쪽 참조. 그렇지만 그의 책을 주의 깊게 살펴보아도 게송에서 성수격의 통일성의 문제에 대한 언급은 찾을 수 없었다. (같은 책, 328쪽 참조.)

부처님의 반열반 이후 등장한 구사론자들이 부처님의 말씀을 세세하게 분석하여 불교를 복잡 난해한 것으로 만들었다면, 그에 대한 안티 테제로 등장한 반야부는 '그런 게 아니다!'라고 강조했다. 그리고 이미 '연기'라는 더럽혀진 불판을 '공'이라는 새 불판으로 바꾸었다. 반야부가 맨 처음 주장한 공 사상을 중관파는 '논리로 논리를 논파하는 방법'으로 '왜 그런지'를 설명한다. 이와 같은 **주장과 설명**이 반야부와 중관파가 그릇됨을 고치는 것을 뜻하는 '중'이라는 개념을 대하는 자세의 차이다. 중관파의 논리를 이해하기 위해서는 크게 세 가지를 유념해야만 한다.

첫째는 논파의 대상이 되는 주제가 뜻하는 바를 명확하게 이해해야 한다.

둘째는 사구와 사구부정의 혼용된 형태를 구분해야 한다.

셋째는 명사형 부정과 구문형 부정의 차이를 숙지해야 한다.

이상과 같은 세 가지 가운데 첫 번째를 위해서 오온의 정의부터 살펴보자. 이것은 곧 논파의 대상이 되는 '구사론적인' 불교의 핵심 개념부터 체계적으로 살펴봐야 한다는 뜻이다.

일반적으로 인식론은 1) 인식 대상과 2) 인식 주체 그리고 3) 그 사이의 반영인 인식으로 구성되어 있다. 용수 보살의 후기 저작으로 알려진 『회쟁론回諍論, *Vigrhavyavartanīkārika*』의 14번 게송에서는 구사론자의 입을 빌려, 이와 같은 인식론의 세 가지 요소는 그것을 부정할 때도 필요하다고 강조하고 있다.[23]

> 바로 그 경우에, 1) 이해하는 것과
> 2) 이해하는 대상과 3) 그것의 이해하는 자와
> 4) 부정과 5) 부정하는 대상과 6) 부정하는 자,
> 그 여섯은 존재하는 것이 아닌가!

• •

23. 『회쟁론』에서 용수 보살은 "소리 내지 마!"라는 예시의 실재하는 소리를 소리로 부정하는 예가 아닌 환술사가 만든 환술을 또 다른 환술사가 환술로 부정하는 예시를 통해서 이 실재성의 문제를 논파하고 있다. 자세한 내용은 졸역, 『중관이취육론』 2권, 『회쟁론』 참조.
쉽게 눈에 들어오지 않지만, 이제론(二諦論)을 전면에 내건 『중론』, 「제24품. (사)성제(四聖諦)에 대한 고찰」에도 이와 같은 인식의 3대 요소에 대한 언급이 등장한다.

> [361 (24-17)]
> (그와 같은 견해는) 과(果)와 연(緣) 자체들과
> 행위자와 행위와 (행위의) 대상(과)
> 생기는 것[生]과 사라지는 것[滅]과
> (그) 과(果)도 또한 훼손한다.

이것으로 확인할 수 있는 것은 불교 인식론의 근간이 바로 오온설이라는 점이다. 그리고 인식 대상인 색色을 파악하는 인식 주체인 식識을 가진 존재가 인간이라는 점 또한 빼놓을 수 없다. 앞서 언급한 것처럼 달라이 라마의 법문 가운데 등장하는 티벳어 '라양la yang', 즉 '~조차도'가 뜻하는 바는 '인식 주체도 연기적인 존재'임을 극도로 강조하기 위한 것이다.

이와 같은 오온설을 1) 불교 인식론의 근간, 2) 불교적 관점에서 보는 '인간이라는 존재'라고 정리하고 그 내용을 살펴보자. '다섯 가지 모임'을 뜻하는 '빤짜 스깐다pañca skandhā', 즉 오온은 다음과 같이 구성되어 있다.

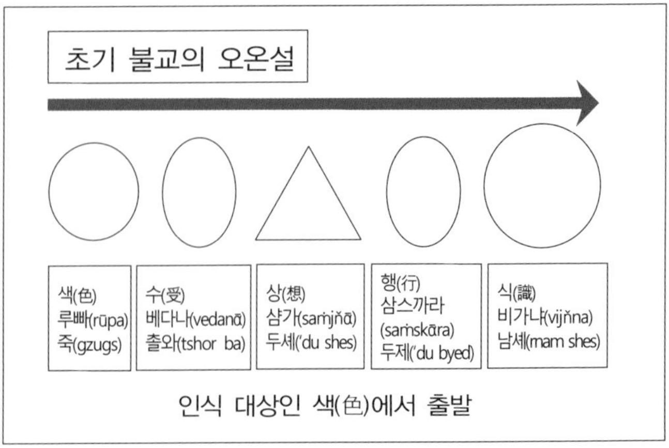

우선 사전적 정의부터 살펴보자.

오온五蘊: 〖범〗 pañca-skandha 〖팔〗 pañca-khandha 5취온取蘊 · 5음陰 · 5중衆 · 5취聚라고도 함. 온蘊은 모아 쌓은 것. 곧 화합하여 모인 것. 무릇 생멸하고 변화하는 것을 종류대로 모아서 5종으로 구별.

(1) 색온色蘊: 스스로 변화하고 또 다른 것을 장애하는 물체.
(2) 수온受蘊: 고苦 · 락樂 · 불고불락不苦不樂을 느끼는 마음의 작용.
(3) 상온想蘊: 외계外界의 사물을 마음속에 받아들이고, 그것을 상상하여 보는 마음의 작용.
(4) 행온行蘊: 인연으로 생겨나서 시간적으로 변천함.
(5) 식온識蘊: 의식意識하고 분별함.

이와 같은 개괄적 정의를 좀 더 구체적으로 살펴보면 다음과 같다.

색色: 〖범〗 rūpa, 〖팔〗 rūpa. (1) 심법心法에 대하여 물질을 색법이라 함. 변괴變壞 · 질애質礙의 두 뜻이 있는 물질의 총칭. 5위位의 하나. 5온五蘊의 하나. 구사론俱舍論에서는 5근根 · 5경境 · 무표색無表色의 11가지로 나누고, 유식종에서는 5근根 · 5경境 · 법처소섭색法處所攝色

의 11가지로 나눔. (2) 최근의 해석으로는 형상과 색채를 합한 것으로써 감각적 직관적인 일반을 가리킴이라 함. 곧 정신적 요소에 대립한 물질이 아니고, 존재한 한 방면인 물질적 성질을 말함.

수受: 〖범〗 vedana, 〖팔〗 vedana. 정신 작용의 하나. 구사俱舍에서는 10대지법大地法의 하나. 유식唯識에서는 5변행遍行의 한 가지. 곧 감각을 말함. 바깥 경계를 마음에 받아들이는 정신 작용. 이에 고수苦受·낙수樂受·사수捨受가 있다.

상想: 〖범〗 saṃjña, 〖팔〗 sañña. 대지법大地法의 하나. 5변행遍行의 하나. 심소心所의 이름. 상상像想·감상感想·사상思想 등의 말과 같은 뜻. 곧 객관적 부산한 만상萬像의 모양을 남자·여자·풀·나무 등이라고 생각하는 정신 작용.

행行: [1] 〖범〗 saṃskāra, 〖팔〗 saṃkhāra. 조작造作의 뜻. 일체의 유위법을 말함. 유위법은 연을 따라서 모여 일어나고, 만들어진다는 뜻. 또는 이것이 항상 변화하여 생멸하는 것이므로 천류遷流의 뜻으로 해석. (1) 5온蘊의 하나. 행온行蘊의 준 이름. (2) 12연기緣起의 하나. 무명無明을 근원으로 하고, 감각感覺 등 여러 가지를 발생하는 신·구·의 3업. (3) 제행무상諸行無常에서의 행은 변화하는 모든 현상을 가리킴.

[2] 〖범〗 caryā. 〖팔〗 cariyā. 동작 또는 행위의 뜻. 몸소 실천해 나가는 행. (1) 명행족明行足의 행은 부처님이 지혜와 함께 행의 체험자임을 의미함. (2) 원행願行의 행은 간절히 바라는 이상적인 경지에 이르기 위한 수행. (3) 교행敎行의 행은 부처님의 가르침에 대한 실행. (4) 심행心行의 행은 정토문에서 안심安心의 대對, 안심에서 일어나는 행. (5) 육도만행六度萬行의 행은 번뇌를 대치對治하는 것. 번뇌가 많은 까닭에 행의 수도 많으므로 만행이라 함. (6) 이밖에 4안락행安樂行·5행·10행·난행難行·이행易行·정행正行·잡행雜行 등의 행은 모두 행위·수행 등의 행.

식識: [1] 〖범〗 vijñāna, 〖팔〗 viññāṇa. 요별了別하는 뜻. 경계를 대하여 인식하는 마음의 작용. 심왕心王에만 말하고, 심소心所는 별개別個로 함. 이에 6식識·8식·9식의 구별이 있음.

[2] 마음의 작용을 심心·의意·식識으로 나누어 말하기도 함.

[3] 12인연의 제3. 소승에서는 과거세의 혹惑·업業에 의하여 심식心識이 처음 모태母胎에 들어가는 1찰나의 지위, 대승에서는 미래에 3계에 태어날 몸의 주체인 제8식을 낼 이숙무기異熟無記의 종자를 말함.

이 오온과 색수상행식의 사전적 정의는 교학의 역사적 발전에 따라 정립된 것이다. 『반야심경』에 등장하는 내용을 중심으로 살펴보려면, 다소 혼란스러운 것들을 한쪽에 몰아 두어야 한다. 이 가운데 대표적인 것이 행行의 두 번째 항인 '짜르야carya'이다. 이 단어는 『입보리행론』이라고 옮긴 『보디짜르야바따라*Bodhicaryāvatāra*』의 '짜르야'로, 일반적으로 수행修行의 '행'을 가리킨다. 이 밖에도 몇 가지 세세하게 살펴볼 대목이 있으나, 오온의 행에서 주목할 바는 **색에서 시작하여 식에 이르는 과정**이다.

이 순서에 따른 진행의 첫 출발 지점이 색이라고 했을 때, '이것은 어디에서 왔는가?'라고 논파하는 것이 『중론』, 「제4품 (오)온에 대한 고찰」의 주제다. 이것은 색 또한 자성을 가진 것이 아닌 어디에서 비롯된 것임을 뜻한다. 그렇지만 안타깝게도 『반야심경』에서는 이 점에 대해서 전혀 언급하고 있지 않다.

안식의 대상이자 인식 대상인 색이 오대五大, 즉 지수화풍공地水火風空이라는 물질적 속성에서 비롯된 것이 한 줄만 언급되었어도, 초기 불교가 가진 물질적 요소에 대한 강조와 대승 유식파의 흥기 이후에 새롭게 정립된 마음 또는 인식 주체의 능동성을 강조하는 불교 교학의 역사적 파노라마가 제대로 연출되었을 것이다. 이 점에 대해서는 이후에 다시 살펴보기로 하고 우선 각각의 개념부터 살펴보자.

루빠rūpa: 색色

일반적으로 '색色'이라고 하면, '색깔'이 떠오른다. 이때 색, 즉 'color'가 한자 '색色'의 가장 기본적인 뜻이라는 데는 어떤 이견도 없다. 그렇지만 한 번 더 생각해 보면, 이런 색깔을 가지기 위해서는 우선 무언가 있어야 한다. 그것이 고정되어 있든, 그렇지 않든 무언가 있는 그것을 '형形'이라 부르기에, 형색은 항상 같이 다닌다. 이것을 영어로 'form and color'라 부른다.

이처럼 '형색'을 뜻하는 '루빠'의 한역이 '색色'임을 명확히 알아도 한 걸음만 더 나가면 다시 복잡해지기 시작한다. 예를 들어, 하늘이 파란색이라고 해서 그것이 어떤 형태를 지닌 것은 아니다. 이것은 색깔을 띤 것이 어떤 형태를 지니고 있으나 그것은 눈에 보이지 않을 수도 있다는 뜻이다. 여기서 '비어 있음', 즉 허공을 뜻하는 '순야śūnya'와 '하늘, 공간'을 뜻하는 '아까사ākāśa'의 이미지가 겹치는데, 때에 따라 달라지는 이 겹친 이미지를 나누는 게 쉽지 않다. 그렇지만 초기에는 지수화풍이라는 사대四大를, 그리고 지수화풍공이라는 오대五大를 거쳐 지수화풍공식地水火風空識이라는 육대六大까지 나가다 보면, 물질적 속성에서 시작했으나 점차 인식 대상을 강조하는 경향성만 확실하게 알게 된다.

다음에 나오는 '십팔계에 대한 부정'에서 자세히 다룰 것이지만, 형색이 **바깥에서 비롯된 것임**을 숙지하고 있으면 오대가 가진 물질적인 속성은 자연스럽게 강조된다. 이때, 형색은 감각 대상에서 비롯된 것이지만 일반적인 인식 대상까지 확장된다. 이런 이유로 '루빠'는 1) 형색을 뜻할 때와 2) 인식 대상을 뜻할 때로 나뉘는데 인식 대상을 뜻할 때는 'object of consciousness'라 부른다. 인식 주체의 능동성을 강조하는 유식사상의 등장과 발전에 따라 이와 같이 '루빠'가 새롭게 해석된 것이 확실하지만, 『반야심경』이 등장한 시기가 유식사상의 발흥 이전인 만큼, 여기서는 모양과 색깔을 가진 객관적 인식 대상만 뜻한다고 보면 된다.

베다나vedana: 수受

'루빠'가 그저 역사적인 해석만 필요했다면 이어지는 '베다나vedana, 삼즈냐saṃjña, 삼스까라saṃskāra', 그리고 '비즈냐나vijñāna'는 어근부터 차분히 살펴봐야 한다.

그렇지만 그전에, '삼스까라'처럼 힌두교와 범용으로 쓰이는 개념을 제외하고 모두 '불교 전문 용어'라는 점을 짚고 넘어갈 필요가 있다. 특히, 오온을 설명할 때 등장하는 이 개념들이 다른 곳에 등장하면 오온에 등장하는 내용과 다른 내용일 수도 있음을 떠올려야 한다.

그 대표적인 예가 바로 무언가를 '알다, 자각하다'라는 뜻인 어근 '비드√vid'에서 파생한 '베다나vedana'이다. 인도 사상을 이해하기 위해서는 이 '앎, perception, knowledge'에서 비롯된 '진리의 말씀'이라는 『베다*veda*』의 해석인 『우빠니샤드*Upaniṣad*』에 대한 이해가 필요하다. 부처님 재세시인 기원전 5백년대를 『베다』에 대한 해석으로 이루어진 『우빠니샤드』 시대의 후기라 부르는데, 그때의 시대적 특징은 '나와 세계에 대한 체계적인 해석'이었다. 이 해석 작업에 뛰어든 이들을 '리쉬Ṛṣi'로, 한역에서는 이것을 '산이나 숲속에 사는 사람', 즉 신선 '선仙'을 써서 선인仙人으로 옮겼다. 그러므로 부처님의 명호 가운데 하나인 '대선인大仙人', 즉 '마하리쉬Mahāṛṣi'에는 '베다의 위대한 주석자'라는 뜻이 숨어 있다.

'현자는 자기만의 견해가 있다.'라는 인도의 속담처럼, 저마다의 진리를 해석하던 시대의 한가운데에 생겨난 오온의 '베다나'는 **인식 대상과의 일차적인 접촉에서 생겨난 감정**을 뜻한다. 요즘 말로 하면 '느낌적 느낌'이나 '필링feeling'이 바로 이 '수受·감수작용·받아들임' 등으로 옮기는 '베다나'이다. 『구사론』에는 다음과 같이 언급되어 있다.

수온受蘊은 말하자면 세 가지로서, 촉觸에 따라 영납하는 것이니, 고苦·낙樂·불고불락不苦不樂이 바로 그것이다. 그리고 이를 다시 분별하면 6수신受身을 성취하게 되니, 말하자면 안촉에 의해 생겨난 '수' 내지는 의촉에 의해 생겨난 '수'가 그것이다.[24]

이 언급으로 미루어 보아, 대상과 접촉하여 생겨나는 '좋고, 나쁨, 혹은 좋지도 않고 나쁘지도 않은 감정'이 이 개념의 사전적 정의이다. 이 대상과의 접촉에서 생겨난 감정, 즉 받아들임이 '나我'와 '내 것我所'이 있다는 생각을 낳는다. 이것은 곧 대상과 접촉하지 않으면 이런 감정도 일어나지 않는다는 뜻으로, 대표적인 예로는 죽은 듯한 '깊은 잠'을 들 수 있다.

삼즈나saṃjña: 상想

'베다나', 즉 '수受'가 좋고 나쁜, 혹은 '그저 그런' 감정이라면 뒤따라 나오는 '삼즈나saṃjña'나 '삼스까라saṃskāra'는 이성적인 판단일 것이다. 여기서부터는 '오온에만' 등장하는 '불교 전문 용어'를 세심하게 살펴볼 필요가 있다.

무언가를 아는 것을 뜻하는 '즈나', 또는 '갸'라고 부르는

24. 권오민(역), 『아비달마구사론(阿毘達磨俱舍論) 제1권』, 28쪽.

어근 '즈냐√jña'와 '행하다, 움직이다'는 뜻인 어근 '끄르√kṛ'에 '~와 함께, together with'를 뜻하는 접두어 '삼saṃ-'이 붙은 이 단어의 사전적 정의만 쫓아다니다 보면, 오온설에서 뜻하는 바를 놓치기 쉽다. 그러므로 이런 혼란을 피하기 위해서는 '오온에서만 쓰이는 경우'라는 제한을 명확하게 해둘 필요가 있다. 특히, 한문의 '생각 상想'이나 '행할 행行'이 떠오를 때면, 이 의도적인 제한만이 올바른 오온의 개념을 파악할 수 있는 길임이 명심해야 한다.

기본적으로 이성적인 판단인 '삼즈냐'는 한문의 '생각 상想'과 일치하지만, 어떤 생각인지를 따져볼 때는 **감정에서 비롯된 가장 기본적인 판단**을 뜻한다. 즉, 감정에 뒤따라 나오는 첫 번째 이성적 판단이다. 『구사론』에는 다음과 같이 언급되어 있다.

> 상온想蘊이란 말하자면 능히 취상取像을 본질로 하는 것으로, 능히 청·황·장·단·남·여·원怨·친親·고·락 등의 상相을 집취執取한다.[25]

'능히 취상取像을 본질로 하는 것'이라는 뜻은 앞선 색과

25. 같은 책, 28쪽.

수에 뒤따라 나오는 것이라는 뜻이다. 이어지는 예시를 나눠보면 1) 청 · 황 등의 색깔, 2) 장·단 등의 길이 비교, 3) 남·여 등의 성별 비교, 4) 원怨 · 친親과 고·락 등의 감정 비교다.

4) 원怨·친親과 고·락이 좋고 나쁨, 즉 수受에 뒤따라 나오는 좀 더 구체적인 감정인지 아니면 이성적인 판단인지에 대해서는 좀 더 자세히 나눠볼 수 있지만, 여기서 확실하게 알 수 있는 것은 두 개의 대립항으로 된 간단한 판단이 곧 '삼즈냐'라는 점이다. 여기까지 쫓아오면 일반적으로 우리가 생각하는 감성적·이성적 판단의 틀이 완성된다. 즉, 좋은지 나쁜지, 옳은지 그른지를 따져보는 것까지 모두 끝난 셈이다.

서양 철학의 감성적·이성적 구분에 따른다면 이것만으로도 충분하지만 '삼스까라'나 '비즈냐나'가 뒤따라 나오는 것은 '불교'이기 때문이다. 쥐면 한주먹이지만 펼치면 다섯 손가락이듯, 감성적·이성적 판단을 좀 더 미세하게 나눠보는 것이 불교의 특징이다.

삼스까라saṃskāra: 행行

'삼스까라saṃskāra'를 글자 그대로 풀어보면 '무언가와 함께 행한다.'라는 뜻으로, 제대로 풀어보면 '동행同行'이 된다. 즉, 한역의 경우 '동同'이 생략된 것이다. 이때 행은 앞에서 이어진 색수상과 함께, 그리고 뒤따라 나오는 식識과 함께 하는 것이다. 『구사론』에서는 이 점을 명확하게 하고 있다.

> 그리고 앞에서 설한 색·수·상온과 다음에 설할 식온識蘊을 제외한 그 밖의 일체의 행行을 일컬어 '행온'이라고 한다.[26]

즉, 앞에서 이어져 온 감성적·이성적 판단을 종합한 '일체'가 행이 되는 셈이다. 예를 들자면, '좋은'이라는 수受와 '여자'나 '남자'라는 상想이 결합하는 것이 '좋은 남자, 좋은 여자'라는 행行이고, 좋지도 않고 나쁘지도 않은 수受와 결합하는 푸른색이라는 상想이 '좋지도 않고 나쁘지도 않은 푸른색'이라는 행行이다. 그리고 '다음에 설할 식온識蘊을 제외한'이라는 표현에서 알 수 있듯이 복합적이고 종합적인 판단이 모두 행이다.

이 '간단한 것을 간단하게' 이해하기 위해서는 먼저 두 가지를 유의해야 한다.

26. 같은 책, 29쪽.

첫 번째는 앞에서도 언급했듯 산스끄리뜨어의 '삼스까라'의 이와 같은 용례는 오직 오온을 뜻하는 '불교적 개념'일 때만 유의미하다는 점이다. 왜냐하면 이 무언가 함께 행하는 것, 즉 '삼+끄르sam+√kṛ'는 힌두 육파철학六派哲學에서 훨씬 더 광범위하게 사용하고 있기 때문이다. 바로 이 개념 하나에 인도 문화의 원형인 업과 윤회, 그리고 이 윤회에서 벗어나는 열반·해탈을 향하는 것에 대한 각자의 해석이 두루 담겨 있다고 해도 과언이 아니다. 그러므로 힌두 육파철학과 삼스까라를 논할 때는 오온적, 불교적이라는 관점의 제한을 명확하게 두어야 한다. 그렇지 않을 경우, 힌두 육파철학 각자의 주장에 따른 업의 작동 원리에 등장하는 '함께 행하는 것'과 뒤섞여 혼란만 가중할 것이다.[27]

다른 하나는 오온에서 사용하는 행行이라는 개념 대신에, 두루 통용되는 한문 경전권의 전통에 등장하는 '무언가를 행하는 것'과 혼용하는 경우이다. 특히 수행修行이라는 말이

27. 힌두 육파철학에서는 각자의 논의에 따라 달리 해석되는 이 개념이 빠지지 않고 등장한다. 예를 들자면 근본 물질인 '쁘라끄르띠(prakṛti)'에 세 가지 속성으로 된 구나(guṇa, 德)가 있다고 주장하는 삼키아(Saṃkhya)학파, 즉 수론학파(數論學派)의 경우, 이 세 가지 속성들이 순수한 영혼인 뿌르샤(puruṣa)와 결합하여 변화하는 현상을 설명할 때도 삼스까라를 통해 이루어진다. 거칠게 말하자면, 힌두 육파철학이 다루고 있는 각각의 개념들이 '전변할 때' 사용하는 개념이 바로 이것이라고 봐도 무방하다.

유행하는 요즘, 이점에 대해서는 산스끄리뜨어 원문의 차이부터 확인할 필요가 있다. 앞서 사전적 정의에서 '짜르야carya'는 일반적인 행위를 가리킬 뿐만 아니라 수행을 뜻한다고 언급한 적이 있다. 행과 수행 사이에 건널 수 없는 경계가 있는 것처럼 여기고, 수행이라면 불교적 삶의 실천이 아닌 무언가 특별한 명상으로만 간주하다 보니, 행과 수행의 건널 수 없는 경계가 있는 것처럼 여겨진다. 덕분에 '삼스까라'를 한역한 '행行'과 '짜르야'를 한역한 '행行'은 원문 자체가 다름에도, 그 차이를 알지 못한 채 모래 위에 옥상옥을 짓는 결과를 낳고 있다.

이런 이유로 색수상행식으로 이어지는 오온의 체계 속에 등장하는 행行은 수행이 아닌 감성적 · 이성적 판단을 총합한 것임을 명확하게 이해해야만 한다. 이와 같은 두 가지 점을 명확하게 이해하고 다음 인용문을 살펴보자.

12. 심리학

(…) "어떤 사람이 '나'라고 말할 때, 그가 한 것은 결합된 오온五蘊의 전부 혹은 그 일부를 가리키는 것에 불과하다. (…) 세계의 현상들은 두 부류로 나눠진다. ① 형태를 지닌 것rūpino, 즉 4원소와 그 파생물, ② 형태를 지니지 않은 것arūpino, 즉 의식의 양태 혹은 상태를 말하며, 수受, 상想, 행行, 식識이

여기에 해당한다. (…)

정신적인 측면, 즉 이름nāma은 심리적인 정서citta, 의식vijñāna, 의근意根, manas을 포함한다. 우리는 또한 이름과 형태nāmarūpa에 대한 구분으로서 오온五蘊, 즉 ① 물질적 속성rūpa, 色, ② 감수작용vedanā, ③ 지각saṃjñā, 想, ④ **심리적 의향 및 의지**saṃskāra, 行(이하 필자 강조), ⑤ 지각vijñāna, 識이 있다는 것을 안다. 이러한 용어들은 어떤 고정된 의미로 사용되지 않으며, 자아의 복합체를 구성한다. 또한 의지cetana는 수많은 공덕 작인作因을 지닌다. **행行은 지적·정적·의지적인 온갖 성향을 포함하며, 종합이라는 특수한 기능을 지닌다.** 식識은 추상적인 내용들을 이해하는 지성이다. 감수작용, 지각작용, 그리고 정신적인 기질과는 달리 식識은 감각적인 접촉에 의하여 조건지어지지 않는다.[28]

(…) **우리는 식識, 수受, 행行이 대체로 지식**knowledge, **느낌**feeling, **의지**will**에 각각 상응한다고 말할 수 있을 것이다. 차일더스**Childers**는**

28. 라다끄리쉬난, 이거룡(역), 『인도철학사 II』, 203-206쪽. 위에서 강조한 부분의 원문은 다음과 같다.

(…) (4) saṃskāras, or mental dispositions and will (…) "saṃskāras" includes a miscellaneous host of tendencies, intellectual, affectional and volitional, and has for its specific function synthesis. – S. Radhakrishnan, 『*Indian Philosophy I*』, p. 401.

자기의 사전에서 현대적인 의미의 의욕에 해당하는 개념들을 행行에 귀속시키고 있다.[29]

당대의 누구도 그 앞자리에 앉으려 하지 않던 석학 라다끄리쉬난S. Radhakrishnan이 활동하던 시절, 즉 불교를 서양 철학과 비교하던 시절의 흔적이 그대로 남아 있는 영문과 그리고 그것을 우리말로 옮긴 한글역 사이에서 몇 가지 주의만 기울이면 몇 가지 오해를 제거할 수 있다.

무엇보다 먼저, 이런 오해를 불식시키기 위해서는 'knowledge'를 '지식'으로 옮기는 것 대신에 '아는 것'이나 식識으로 옮겨, 지식, 지혜 등 '아는 것'에서 갈라져 나온 다양한 뜻과의 **결의 차이**를 분명히 해야 한다. 그리고 이 아는 것, 즉 식識뿐만 아니라 '삼스까라'가 가진 다양한 뜻 가운데 'specific function synthesis', 즉 '**총합하는 특수한 기능**'이 앞서 언급한 감성적·이성적 판단을 뜻하는 수受와 상想을 총합하는 기능이라고 보면 된다. 이때 '의지'라고 옮긴 'will', 또는 '의욕'이라고 옮긴 'conation'도 마찬가지다.

• •

29. 같은 책, 209쪽. 위에서 강조한 부분의 원문은 다음과 같다.
We may say that vijñāna, vedanā, and saṃskāra roughly correspond to knowledge, feeling, and will. Childers in his dictionary brings the concepts answering to modern conation under saṃskāra. – 같은 책, 404쪽.

일반적으로 의지는 '의도적으로 일이나 생각을 실행하려는 적극적인 마음가짐'을 가리킨다. 그렇지만 오온에서 행은 이런 뜻보다는 선행한 수와 상의 결합을 뜻한다. '자신의 행동과 의사 결정을 스스로 조절하고 통제할 수 있는 능력'을 뜻하는 '자유 의지', 즉 'free will'과의 관계도 생각해 보아야 하는데, 인식 대상, 즉 색色에서 비롯된 것이든, 아니면 식識에서 비롯된 것이든, 상호 연속성 속에 놓여있다는 점만은 확실하게 해야 한다.

'의욕'이라고 옮긴 'conation'의 경우를 『사회학 사전』에서는 '능동적 의지'로 옮기고 있는데, '철학에 기원을 둔 심리학적 개념으로, 인지와 감정적 능력과 구분하여 행동에 대한 갈망과 욕구, 의지 등과 관련된 마음의 능력'이라고 한다. 이와 같이 삼스까라, 즉 행行을 풀어 쓸 때는 여러 해석을 낳는다는 점을 명심하면 될 일이지만, 이어지는 '비즈냐나' 즉 식識은 일반적인 생각, 즉 사회적 통념通念의 '리셋'을 요구한다.

비즈냐나vijñāna: 식識

'비즈냐나vijñāna'는 앞에서 행行의 어근을 분석할 때 등장한 무언가를 아는 것을 뜻하는 '즈냐', 또는 '갸'라고 부르는 어근 '즈냐√jña'의 변형 앞에 무언가를 '나누는, apart, apart from'을 뜻하는 접두어 '비vi-'를 붙인 것이다. 이 '비vi-'는 '~와 함께, together with'를 뜻하는 접두어 '삼saṃ-'과 정반대되는 것으로, '나눌 분分' 또는 '분별分別'에 해당한다. 그러므로 '비즈냐나'를 한문식으로 풀어서 재조합해 보면 '분별하여 아는 것', 즉 '분별지分別智'를 뜻한다. 그렇지만 일반적으로 '비즈냐√vijñā'를 하나로 취급하며 우리가 알고 있는 '식識'이 여기서 파생된 것으로 본다. 『구사론』에서는 식에 대해서 다음과 같이 시작하고 있다.

이제 마땅히 식온識蘊과 그것을 어떠한 처·계의 갈래로 설정하는가에 대해 논설해 보아야 하리라. 게송으로 말하겠다.

식識이란 말하자면 각기 요별了別하는 것으로
이것은 바로 의처意處로 일컬어지고
아울러 7계界로 이름되니, 마땅히 알아야 할 것이다.
6식識이 (과거로) 전이한 것을 의계意界라고 함을.
識謂各了別 此卽名意處
及七界應知 六識轉爲意

논하여 말하겠다. 각기 그들의 경계를 요별하는 것으로서 경계의 상을 **전체적으로** 취總取하기 때문에 식온識蘊이라 이름

한다.[30]

게송 가운데 등장하는 우선 오온·십이처·십팔계에 익숙한 이들에게 3행의 '아울러 7계界로 이름되니'라는 부분에 등장하는 '7계界'는 생소하기만 할 것이다. 이어지는 대목에 등장하는 '7계界'의 구성은 다음과 같다.

> 그리고 마땅히 알아야 할 것으로, 식온을 바로 의처라고 이름하며, 역시 7계라고 이름하니, 이를테면 6식계와 의계가 바로 그것이다.[31]

이 설명에서 보듯 숫자 '7'이 등장하여 혼란스럽게 보여도, '6식계와 의계'를 합쳐 '7계'라고 불렀을 뿐이다. 여기서 주의할 것은 '십팔계'의 계界, 즉 '다뚜dhātu'가 어떤 특정한 용례로만 사용되는 것이 아닌 범용의 개념이라는 점이다. 위의 설명에서 보듯, 어떤 하나의 범주를 지칭할 때 사용되는 것이 바로 이 '계'이다. 요즘 말로 하면 컴퓨터의 '폴더folder'처럼 하나의 '카테고리'로 묶을 때 사용되는 것이니, 굳이 십팔계만 꼽을 필요가 없다.

30. 같은 책, 30쪽.
31. 같은 책, 30쪽.

'인식 대상을 파악하는 식識이란 무엇인가?'

오온의 체계뿐만 아니라 불교 교학을 이해하는 데 이 식識만큼 혼란을 주는 개념을 찾아보기 어렵다.[32]

먼저 오온에 한해서 말하자면, '분별하여 아는 것'이라는 이 식은 수상행을 모두 총합한 것을 가리킨다. 이것은 앞의 사전적 정의에서 언급한 '심왕心王에만 말하고'를 뜻한다. 즉, 이 식의 작용으로 인해서 수상행 등이 발생하는 것이다.

그렇지만 사전적 정의의 두 번째 항인 '마음의 작용을 심心·의意·식識으로 나누어 말하기도 함'이라는 언급에서 보듯 심의식을 **각자의 것으로** 보는 것과 **같은 것으로** 보는 것에서 차이가 난다. 심의식의 사전적 정의는 다음과 같다.

심의식心意識: 마음과 사려와 인식을 모두 일컫는 말. 구사론에서는 6식을 일컫는 말. 6식은 모든 사고와 상념을 집합하여 행위를 일으키므로 집기集起를 의미하고, 온갖 종류의 사리를 사고하므로 사려思慮를 의미하며, 사물의 본체를 파악하여 식별

32. 어떤 하나의 개념을 명확하게 이해하기 위해서는 그것을 우리말로 쉽게 풀어 써야 하는데 한글 대장경에서는 이 식을 '알음알이'로 옮겨 혼란을 더욱 가중하고 있다.

하므로 요별了別을 의미한다. 유식학에서는 정신 활동을 세 가지 측면에서 파악한 것. 8식 모두에 심, 의, 식의 뜻이 있지만, 제8식인 아뢰야식은 온갖 현상의 종자를 모아 표상으로 현출시키는 원리이므로 심心이라고 불린다. 제7식인 말나식은 대상을 두루 깊게 헤아려 사려하므로 의意이라고 불리며, 나머지 6식은 대상을 주로 명료하게 식별하므로 식識이라고 불린다. 심, 의, 식은 각각 집기심集起心, 사량심思量心, 요별심了別心으로 불린다.

이렇게 심의식을 6식에 맞춰 8식을 심心으로, 7식을 의意로, 그리고 6식을 식識으로 보는 방법은 유식파의 분류법이다.[33] 이와 달리 티벳 인명因明, 즉 불교 논리학에서는 '로당 릭빠 셰빠 숨 돈찍blo dang rig pa shes pa gsum don gcig'이라며 심의식을 동의어로 보고 있다.[34] 이것을 풀어쓴 것이 '심의식이라는 이 세 개는 동의어다.'라는 영역이다.[35] 또한 티벳 불교에서 빼놓을 수 없는 싸꺄 빤디따Sa skya Paṇḍita(1182~1251)도 그의 대표적인 인명 서적인 『양리보장量理寶藏』[36]에서 이 세 가지

33. 필자가 확인한 바로는 유식파의 주요 경전 가운데 하나인 『해심밀경(解深密經)』에 언급되어 있어, 이후 전통적인 분류법처럼 간주된 듯하다.

34. Rinbochay (L.), 『티벳 불교에서의 마음(*Mind in Tibetan Buddhism*)』의 티벳 원문 뻬차 1(c)-2(a) 참조.

35. 같은 책, p. 47.
'The three—awareness, knower, and consciousness—are synonymous.'

개념이 상호 연관되어 있음을 분명히 했다. 거칠게 옮기면, 『양리보장』의 첫 번째 게송의 1~3행은 다음과 같다.

> (지혜로운) 마음[心=覺慧, Awareness]의 정의는 아는 것[意=明, Knower]이다.
>
> (그 명칭의 분류 등은) 대상 등에 따라(=관점에 따라) 여러 가지로 된다.
>
> (그러나) (이는) 지혜[識, Consciousness]에 따라 스스로 아는 것[自明, Self-knower]과 같다.[37]

이와 같이 심의식은 때로는 달리 쓰이기도 하고, 때로는 동의어로 쓰이기도 한다. 오늘날 '앎·지식·지혜·인식·생각·마음' 등이 비슷한 뜻으로 두루 쓰이듯, 출발 지점에서도

---

36. 티벳어로는 '체마 릭뗄(tshad ma rigs gter)'이라 부르고, 영어로는 'Treasury of Logic on Valid Cognition' 또는 'Treasury of Valid Reasoning'이라 부른다.
37. 티벳어 원문은 다음과 같다.

    blo yi mtshan nyid rig pa yin//
    yul sogs sgo nas du mar 'gyur//
    shes pa'i sgo nas rang rig gcig/

    타고르 대학 재직 중에 『양리보장』, 즉 『체마 릭뗄(*tshad ma rigs gter*)』에 등장하는 7종 인명의 기본 개념 정의를 가르쳤던 적이 있다. 정리한 내용은 필자의 블로그 참조. https://blog.naver.com/patiensky/120158001952

이 '비즈냐나'라는 개념에는 다양한 변조가 있었다. 그렇지만 오온에서 물질적 요소로 이루어진 인식 대상을 파악하는 식을 가진 존재로 인간을 바라보았지, 브라흐만교처럼 어떤 순수한 영혼·자아·에고 등을 가진 존재로 인간을 바라보지 않았다는 점만은 명확하다.

'마음'이라는 것을 무언가 실재하는 것처럼 여기는 게 오늘날의 대세지만, 심의식을 동의어로 보았을 경우, 우리의 앎이나 생각이 곧 마음이지 다른 특별한 것이 아니다. 유식사상이 '오직 마음만', 즉 '유식唯識, Consciousness only'을 강조하는 것은 물질적 요소인 인식 대상에서 비롯된 식이 아닌 인식 주체의 능동성을 강조하는 데서 비롯되었다. 이것을 그림으로 보면 다음과 같다.

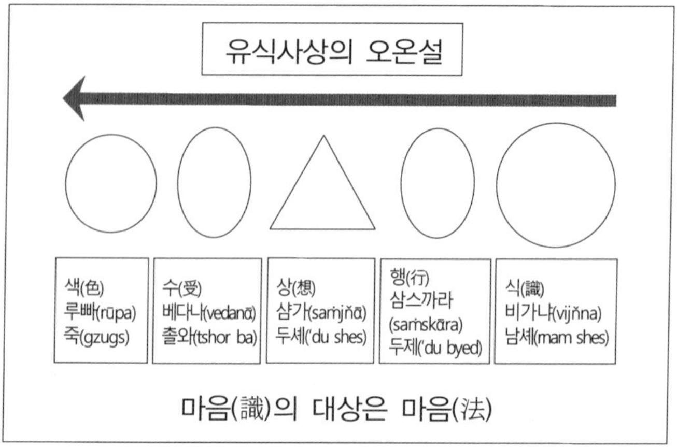

이 그림은 색이 아닌 식에서 출발한 것이 다를 뿐, 앞에서 살펴본 '초기불교의 오온설' 그림과 차이가 없다. 이와 같이 식으로 출발한 결과, '그 이전에는 무엇이 있었을까?' 라는 고민이 7식과 8식을 낳게 했다. 그 결과로 나온 것이 곧 윤회의 주체라고 알려진 일체종자식一切種子識이라는 '이전에 없었던' 새로운 개념이다.[38]

이것은 반야부의 공 사상 이후에 생겨난 것이라 여기서 다룰 주제는 아니지만, 이처럼 출발점을 어디에 두고 있는지에 따라서 오온에 대한 이해가 달라진다. 『반야심경』에서 강조하고 있는 바는 색에서 출발한 경우로, 이것은 용수보살의 『중론』, 「제4품 (오)온에 대한 고찰」에서도 그대로 나타나 있다. 총 9개의 게송으로 된 짧은 품이니 전체 게송을 읽어보자.

38. 자세한 내용은 졸저, 『용수의 사유』, 193~194쪽 참조.
'이 소장에서 다루고자 하는 '윤회하는 존재로서의 인간'에 대해 유식파는 아라야식을 도입시켰는데, 일체종자식(一切種子識, sarvabījaka vijñāna)이라는 이명(異名)답게, 이 식은 모든 업보의 종자가 된다. 또한 마치 씨앗에서 싹이 나는 듯하다 하여 이숙식(異熟識, vipāka vijñāna)이라고도 불리며, 업을 쌓는 식이라는 뜻에서 집지식(執持識, ādāna vijñāna)이라고도 불린다. 물론 유식파는 유가행 유식파라는 그 별칭답게 마음을 관조하는 요가 수행을 그 바탕으로 하고 있다.'

[51 (4-1)]

바로 그 색色의 원인을 포함하지 않는
바로 (그) 색은 관찰되지 않는다.
'색'이라 불리는 것[所作]을 포함하지 않는
색의 원인 또한 현현顯現하지 않는다.

[52 (4-2)]

색色의 바로 (그) 원인을 포함하지 않는
색色이라면 바로 (그) 색은 '원인이 없는 것[無因]'이라는
과실過失이 된다. 그러나 그 어떤 것이라 할지라도
'원인이 없는 것[無因]'이라고는 그 어디에서도 존재하지 않는다.

[53 (4-3)]

만약 색色의 바로 (그) 원인을 포함하지 않는
색色의 어떤 (다른) 원인이 존재한다면
결과가 없는 원인이 된다. 그러나
결과 없는 원인은 존재하지 않는다.

[54 (4-4)]

색色이 (따로) 존재할 때 또한 바로 (그) 색色의

원인도 또한 (따로 존재하는 것은) 옳지 않은 것 자체다.
색色이 (따로) 존재하지 않을 때 또한 바로 (그) 색色의
원인도 또한 (따로 존재하는 것은) 옳지 않은 것 자체다.

[55 (4-5)]
원인이 없는 것[無因]의 바로 (그) 색色들은
옳을 수 없는, 가능하지 않는 것 자체다.
그러므로 색色에 대한 분별,
그 어떤 분별[개념화]도 하지 말아야 한다.

[56 (4-6)]
"결과는 원인과 비슷하다"라는
것은 옳지 않다. 그리고
"결과는 원인과 비슷하지 않다"라는
것 또한 옳지 않다.

[57 (4-7)]
수受와 상想 · 행行과
심心과 모든 사태도 또한
바로 (그) 모든 모습[一切相]들에서
색色 자체의 순서, 바로 (그것과) 같다.

[58 (4-8)]

공성空性으로 논쟁을 행할 때

어떤 이가 (이에 대한) 답을 말하는 것,

그것의 모든 답은 없다.

(왜냐하면) 증명해야 할 것과 같아지기 (때문이다).

[59 (4-9)]

(그러나) 공성空性으로 설명을 행할 때

어떤 이가 (이에 대한) 그릇된 답을 말하는 것,

그것의 모든 (답에는) 허망한[假] 오류가 없다.

(왜냐하면) 증명해야 할 것과 같아지기 (때문이다).

총 9개의 게송으로 된 이 품은 크게 세 가지로 구성되어 있다.

첫 번째는 『반야심경』에서 강조하는 '색즉시공'과 관련된 것으로, 인식 대상이 자성을 가졌을 때의 문제다. 『반야심경』에서는 색이 어떤 물질적인 것이든, 그렇지 않은 것이든, 어떤 것에서 비롯된 것임을 빼놓고 논하지만, 『중론』에서는 이 문제를 직접적으로 강력하게 지적하고 있다.

[51 (4-1)]번부터 [56 (4-6)]번 게송까지 이어지는 내용이

이 대목으로, 인과의 부정은 고정불변하는 속성을 가진 것, 즉 자성을 가진 채 존재하는 색을 부정하기 위한 것이다. 동일성과 상이성에 대한 논파가 등장하지만, 이 내용에 대해서는 다른 품에서 자세히 다루고 있어, 여기서는 다만 두 게송으로 설명하고 있다.

두 번째는 [57 (4-7)]번 게송으로 이어지는 수상행식도 이와 같이 자성을 가진 것이 아님을 축약하여 설명하는 대목이다. 『반야심경』의 다음 부분에서는 이 점을 각각 언급하며 부정하고 있으나, 『중론』에서는 한 게송으로 축약하고 있다.

세 번째는 [58 (4-8)]과 [59 (4-9)]번 게송이다. 1행에서 '논쟁'과 '설명'의 차이가 있을 뿐, 거의 같은 문장으로 되어 있다. 공 사상을 이해하기 위한 중요한 게송이니 다시 읽어보자.

[58 (4-8)]
공성空性으로 **논쟁**을 행할 때
어떤 이가 (이에 대한) 답을 말하는 것,
그것의 모든 답은 없다.
(왜냐하면) 증명해야 할 것과 같아지기 (때문이다).

[59 (4-9)]
(그러나) 공성空性으로 설명을 행할 때

어떤 이가 (이에 대한) 그릇된 답을 말하는 것,

그것의 모든 (답에는) 허망한[假] 오류가 없다.

(왜냐하면) 증명해야 할 것과 같아지기 (때문이다).

이것을 그림으로 그려보면 다음과 같다.

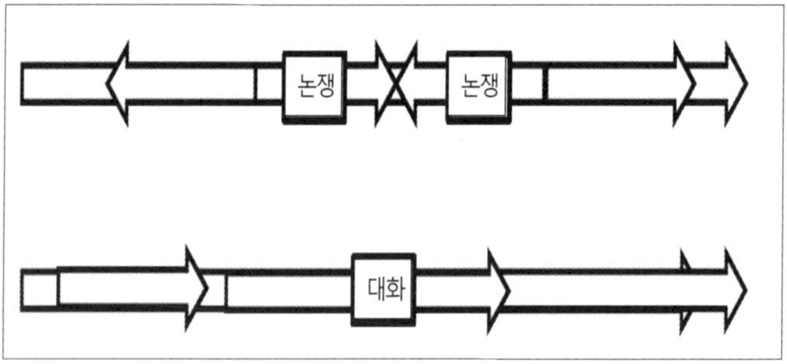

두 게송의 차이는 '공성이란 무엇인가?'에 대한 다른 이해에서 비롯되었다. 그림에서 볼 수 있듯, 논쟁은 '공성'이라는 게 무언가 **실재하는 것**처럼 여길 때 일어난다. 대표적인 것을 꼽으라면, 자기가 배운 것이 자기 삶의 변화를 위한 것이 아니라 절대적인 무엇인 것처럼 여기는 자세다. 그렇지만 그것이 실재하지 않는 변화하는 것으로 여기고 대화를 주고받으면, 즉 자신의 부족함을 바탕에 두고 근기가 다른 이들에게 자애와 연민의 갖춘 채 서로의 복된 삶을 위해 대화를 주고받으면, 논쟁할 것이 없으며 각자 자기가 이해한 만큼의 설명만 남게 된다. 이런 삶은 언설의 세계에 갇혀 '공성'이라는 게 무언가 특별하게 여기지 않아야 가능하며, 자애와 연민의 바탕 위에서 이루어질 때만 가능하다. 그러므로 '논쟁'과 '설명'이라는 두 단어를 빼고 거의 차이가 없는 이 두 게송은 공성을 이해하는 삶의 자세라고 해도 과언이 아니다.

두 번째 끊어 읽는 부분은 다음과 같다.

샤리뿌뜨라여! 이와 같이 모든 법들은 공상空相을 지녔으니,

다양한 뜻이 있는 법法, 즉 '다르마dharma'지만 보통 다음과 같은 다섯 가지로 정의한다.

첫 번째는 삼보인 '불법승에 귀의한다.'라고 할 때 부처님의 가르침을 뜻한다. 일반적으로 불교도들은 이 법을 불법佛法으로 생각한다. 두 번째는 외도의 입장에서 자기 스승의 가르침을 뜻하는 경우다. 이것은 부처님의 가르침이나 외도 스승의 가르침이나 모두 자기 삶의 지표인 '다르마'를 뜻한다. 세 번째는 이것이 모인 '사회 정의'를 뜻하는 경우로, 우리가 알고 있는 세속법과 일치하는 부분이다. 네 번째는 이것을 사회를 넘어 자연까지 확장한 경우로, 이 세간의 모든 이치를 가리킨다. 나머지인 다섯 번째는 이와 같은 다양한 뜻을 받아들이고 파악하기 위한 '현상, 본질'인 경우다. 이처럼 인도 문화에서 윤회의 동력인 까르마가 안팎으로 드러난 것이 바로 '다르마'이기에, 알파에서 오메가까지 모두 다르마다.

불교 교학에 세 번째인 헌법·형법·민법 등이 등장할 일은 없으나 세속법을 논할 때 더러 등장하기도 한다. 논서에서는 주로 다섯 번째인 '현상, 본질'에서 '존재'까지 확장하는 개념으로 쓴다. 이런 이유로 한역에서는 종종 '존재, 유有'를 뜻하는 '바바bhāva'를 법法으로 옮길 때도 있다.[39]

여기서는 '모든 현상', 즉 우리가 다루고자 하는 '어떤 드러난 것'을 뜻한다. '공상空相'이라고 옮긴 산스끄리뜨어 원문은 '순야따락사나śūnyatālakṣaṇā'로 두 단어가 결합한 것이

• •

39. 『중론』의 다음 게송을 예로 들 수 있다.

21-12) 法不從自生 亦不從他生 不從自他生 云何而有生

존재는 스스로 생기지 않으며 타자(他者)에서 생기는 것도 아니다. 스스로나 타자에서 생기는 것이 아닌데 어떻게 생함이 있겠느냐?

21-13) na svato jāyate **bhāvaḥ** parato naiva jāyate/

na svataḥ parataścaiva jāyate jāyate kutaḥ//

존재는 스스로 생기지 못한다. 또 타자에서 생기는 것이 아니다. 자기 스스로거나 타자에서 생기는 것이 아니라면 어디서 생기겠는가?

—『중론』, 김성철(역), 341쪽, 도서출판 오타쿠, 2021, 341쪽.

위의 게송에서 강조한 것처럼, 한역의 법(法)은 원문의 '바바(bhāva)'를 옮긴 것이다.

다. 공성으로 옮긴 '순야따'의 경우 앞에서 설명한 것처럼, 연기의 다른 이름인 공이고 일반적으로 상相으로 옮기는 '락사나'가 결합한 것이 '공의 모습'이다. 한 가지 재미난 부분은 티벳역에서 발견된다. 티벳역의 이 부분은 다음과 같다.

샤리뿌, 데따 베나 최탐째 똥빠 니데, 첸니 메빠
(sha ri'i bu/de lta bas na chos thams cad stong pa nyid de/mtshan nyid med pa/)

샤리뿌뜨라여, 그러므로 제법이 공성을 띄고 있다. 그러므로 그것에는 어떤 상도 존재하지 않는 것이다.

산스끄리뜨어 원문이나 한역과 달리, 티벳역은 이렇게 끊어서 읽고 있다. 티벳 불교의 경우, 개념·정의 등을 '첸니mtshan nyid', 그리고 그 대상이 되는 것을 '촌자mtshon bya'로 명확하게 구분해서 쓴다. 이와 같은 경향성은 인명과 유식학의 발달 이후에 생겨난 것으로, 이 경향이 완전히 정착된 이후에 토대를 닦은 티벳 불교는 '첸니 메빠mtshan nyid med pa'를 강조했다고 볼 수 있다. 그렇지만 원문에서는 공상空相이라는 한 단어로 되어 있다. '서로, 모양' 등을 뜻할 때 일상적으로 쓰는 이 상相이라는 개념은 오온의 '식識'처럼 한역 경전을 어렵게 읽게 만든다. 심지어 원문인 '락사나'가 더 쉽게 와닿을 정도인데, 『티-영 사전』에 따르면 '첸니'와 '휜자'에는 다음과 같은 뜻이 있다.

> 첸니(mtshan nyid): Skt. lakṣaṇa, definition, character, characteristic, mark, attribute, sign, case, defining characteristics, (…)

> 휜자(mtshon bya): Skt., lakṣya, definiendum, marked, signatum, object of definition, the object defined, (…)

이 두 개의 개념 가운데 가장 눈에 띄는 부분은 '정의'와 '정의되는 것'[40]이라고 옮길 수 있는 'definition'과 'definiendum'이다. 한역에서는 통일되어 있지 않지만, 거칠게 말하자면 '정의'가 소상所相이고, '정의되는 것'이 능상能相이다. 즉, 항상 어떤 특정한 조건 속에서 상호 연관성을 띤 채 움직이는 것을 다른 것과 분리·고정하여 개념화한 것이 소상이자 상이다. 그러므로 '모든 법들은 공상空相을 지녔으니'라는 말은 '모든 현상은 연기적인 모습을 띠고 있으니'라는 뜻이다.

40. 'definiendum'을 '피정의항(被定義項)'이라고 부르기도 한다.

이 소상과 능상이라는 개념처럼, 상相이라는 글자가 들어가는 말 가운데 주의를 기울여야 할 것은 '사물의 생긴 모양이나 상태'를 뜻하는 '형상形相'이다. 산스끄리뜨어의 '아까라ākāra'를 한역한 이것을 티벳어로는 '남빠rnam pa'라고 한다. 여기에도 'kind, type, aspect, form, occurrent …' 등의 다양한 뜻이 있다. 이 형상이라는 개념은 유식파의 양대 산맥인 유상유식파와 무상유식파를 나눌 때 매우 중요한 것이지만, 여기서 다루고 있는 '락사나'와는 아무런 상관이 없다.[41]

이처럼 하나의 개념에는 다양한 뜻이 있다. 그리고 그것은 역사적으로 층위를 이루며 형성되었다. 그렇지만 이것은 모두 반야부 경전을 둘러싼 해석의 시대, 즉 본격적인 대승교학이 발달한 후에 이루어진 것인 만큼, 여기서는 '형상' 등 오해를 불러일으킬 만한 단어를 빼고, 공상을 그저 '연기적인 모습'으로 해석해도 충분하다.

세 번째 남은 부분은 다음과 같다.

생겨나는 것도 없고, 사라지는 것도 없고, 더러운 것도 없고, 깨끗한 것도 없고, 늘어나는 것도 없고, 줄어드는 것도

41. 형상은 인식 주체의 능동성을 강조하는 유식파가 그 능동성에 따라 달리 파악하는 인식 대상을 가리킬 때 사용하는 개념이다.

없다.

현장역의 '불생불멸, 불구부정, 부증불감'이 입에 더 감기는 이 대목에 대해서는 이전에 『중론』을 연구하면서 다음과 같이 적은 바 있다.

> 『반야심경』에서는 6불不이 등장하는데, MK(근본중송의 약어)와 약간 다르다.
>
> '이와 같이 샤리뿌뜨라여! 모든 법들은 공상空相을 지녔으니, 생겨나는 것도 없고, 사라지는 것도 없고, 더러운 것도 없고, 깨끗한 것도 없고, 늘어나는 것도 없고, 줄어드는 것도 없다.'[42]
>
> 8불의 불생不生/불멸不滅, 불단不斷/불상不常, 불일不一/불이不異, 불출不出/불래不來 가운데 불생불멸만 동일하고 불구부정不垢不淨, 부증불감不增不減이 새로 등장하는데, 불생불멸만으로도 MK(근본중송)와 『반야심경』의 부정적인 사유에 대한 일치는 공감할 만하다. 굳이 따지자면, MK에서는 좀 더 개념적

42. Skt., evaṁ śāriputra sarvadharmaḥ śūnyatālakṣaṇā anutpannā aniruddhā amalā avimala anūnā asaṃpurṇāḥ/

인 측면에서의 상대성을 부정하는 불일불이不一不異를 강조하지만, 『반야심경』에서는 불구부정不垢不淨, 즉 도덕적 측면을 강조했다고 약간의 억지를 부릴 수 있겠으나, 이 두 동류의 불不이 어떤 특별한 목적을 지닌 상대적인 개념으로 설정되어 모두 공이라고 불린 것 같지는 않다.[43]

부정 접두어인 'an-, a-, vi-' 등을 붙여 명사형 부정을 사용한 이 부분에 대해서는 다음 부분에 등장하는 구문형 부정[44]과 함께 살펴보기로 하고, 먼저 『중론』, 「귀경게」부터 읽어보자.

【귀경게】

[1]

무언가에 의지하여 생겨난 것[緣起](이기에)

소멸함이 없고[不滅] 생겨남이 없고[不生]

그침이 없고[不斷] 항상함이 없고[不常]

오는 것이 없고[不來] 가는 것이 없고[不去]

43. 졸저, 『용수의 사유』, 131~132쪽 참조.

44. 의미상의 차이는 없으나 익숙한 부분이 있어 여기서는 '서술형 부정'이라고 쓰기도 한다.

[2]

다른 의미가 아니고[不異] 같은 의미가 아닌 것[不一]이니

희론戱論이 적멸하여 적정(한 상태에 머물 수 있는) 가르침

정등각자正等覺者의 말씀들의

진리, 그것에 경배하옵니다.

용수 보살이 정등각자, 즉 부처님이 가르쳐주신 진리에 경배한다는 것이 「귀경게」의 내용이다. 그리고 그것을 풀어 쓴 것이 1행의 연기법이고, 그 연기법의 내용이 팔불八不로, 청목소 『중론』의 첫 번째 게송인 '불생역불멸不生亦不滅, 불상역불단不常亦不斷, 불일역불이不一亦不異, 불래역불출不來亦不出'이다. 이것을 줄여 '불생불멸, 불상불단, 불일불이, 불래불출'로 부르는 것이 팔불八不이다. 이에 따라 '팔불 중도 연기가 곧 공!'이라는 것이 한역 경전권의 대표적인 『중론』 독법이다.[45]

45. 두 번째 게송 2행의 희론(戱論)에 대해서는 졸역, 『중관이취육론 1』, 『중론』, 22~23쪽 참조.

희론(戱論, Skt., Tib. spros pa)은 중관사상을 이해하는 데 핵심적인 역할을 차지하고 있다. 참고할 만한 산스끄리뜨어 어원 분석은 다음과 같다.

'prapañca(희론, 여러 갈래로 퍼진 사유와 언어, 진리에 어긋난 사유와 언어). … pra(앞으로)+√pañc(퍼지다, 다섯 손가락을 펴다). pra-√pañc(생각 등이 여러 갈래로 퍼져 나가다. 망상하다. 생각을 표현하다). …'

— 김정근(역), 찬드라키르티의 『쁘라산나빠다 1』, 38쪽.

『반야심경』의 6불六不이든, 『중론』의 8불八不이든, 무엇이 '아닌 것'이라는 데는 일치한다. 즉, 쌍으로 이루어진 개념을 3개나 4개로 적어둔 차이만 있을 뿐이다. 이것은 앞에서 언급한 '둘째는 사구와 사구부정의 혼용된 형태를 구분해야 한다.'와 직접적인 관련이 있다.

『중론』에서는 수시로 이 사구四句, Catuṣkoṭi와 사구부정四句否定, Catuṣkoṭi Vinirmukta으로 개념자를 논파하고 있으나, 『반야심경』에서는 이 사구 가운데 1항의 부정이 주를 이루고 있다. 먼저, '독화살의 비유'로 유명한 『불설전유경佛說箭喩經』의 14난難으로 정형화된 사구를 살펴보면 다음과 같다.[46]

1) A

2) ~A

'√pañc는 다섯 손가락(pañca)을 연상한다. 그러므로 언어, 사유 및 논리와 같은 세간 관습에 의하여 절대적 진리를 파악하려는 시도는 허공을 움켜쥐려고 벌린 다섯 손가락의 부질없는 동작에 비유된다.'

— 같은 책, 993쪽.

46. 자세한 내용은, 졸저, 『용수의 사유』, 146쪽 참조.

1) 세계는 영원한가, 아닌가, 양자[영원하면서 영원하지 않은 것]인가, 양자가 아닌가?

2) 세계는 (공간적으로) 유한한가, 무한한가? 양자인가, 양자가 아닌가?

3) 여래는 사후에 존재하는가? 아닌가, 양자인가? 양자가 아닌가?

4) 영혼은 육체와 동일한가, 아니면 다른가?

3) A and ~A

4) ~A and ~(~A)

이때 'A'는 어떤 개념자가 되었든 **정의된 무언가**를 뜻한다. 이것을 『불설전유경』의 세계에 관한 질문에 대입하면 다음과 같다.

1) 세계는 영원한가? ⇒ A

2) 세계는 영원하지 않은가? = ~A

3) 세계는 영원하면서 영원하지 않은가? ⇒ A and ~A

4) 세계는 영원하지 않으면서 영원하지 않은 것이 아닌가? ⇒ ~A and~(~A)

『중론』의 「귀경게」와 『반야심경』에서 다루고 있는 것은 1항, 즉 개념자 'A'가 **고정불변하는 속성을 가진 것**[自性]이 아니라는 점이다.[47] 공 사상을 이해하기 위한 키워드는 이 개념자 'A'에 대한 명확한 이해다. 이것을 도와주는 논리적 틀이 사구와 사구부정이다. 그렇지만 한역 경전권에서 이것을

47. 『반야심경』에서 이 1항에 대한 부정만 그치고 난 것과 달리 『중론』 전체에 걸쳐 때로는 축약된 사구의 형태와 완전한 사구의 형태가 등장하여, 논의를 더욱 심화하고 있다.

이해하기란 거의 불가능에 가깝다.

결론부터 말하자면, 이것은 산스끄리뜨어와 한문이 가진 언어의 차이에서 비롯된 '건널 수 없는 강'과 같다. 예를 들어, '있음, 존재'를 뜻하는 '바바bhāva'를 한역하면 '유有'가 된다. 산스끄리뜨어서는 이것을 부정하여 '없음, 비존재'를 뜻하는 '아바바abhāva'라고 부르지만, 한역에서는 '비유非有', 즉 '존재하지 않는 것'이라고 쓰지 않고 '무無'라는 **새로운 단어**로 쓴다.

이것을 정리하면 존재와 그것에 대한 부정으로 이루어진 '바바bhāva/아바바abhāva'의 대립항을 '유有/비유非有'로 써야 마땅하지만, 의도적으로 이렇게 쓰려고 해도 표의문자인 한자에서 '유有/무無'라는 경계를 넘기란 쉽지 않다. 이와 비슷한 예로, '고정불변하는 속성을 가진 것'을 뜻하는 '스바바바svabhāva'의 경우, 이것을 부정할 때는 '아스바바바as-vabhāva', 즉 무자성無自性으로 쓰며, '고정불변하는 속성을 가진 것[A]이 **아닌**[~] 것[~A]'이라고 써야 한다. 그렇지만 필자를 비롯해 아무도 이렇게 쓰지 않는다.

비록 이렇게 쓰지 않더라도 이 '언어적 차이'를 깊게 명심하면서 어떤 개념자든 그것이 '자성을 가진 것이 아닌 것'이라고 강조해야만 반야·중관의 첫 단추를 제대로 끼울 수 있다. 이것을 놓치면, '사유의 집'인 언어의 한계를 알지 못할 뿐만 아니라 불법을 있게 한 산스끄리뜨어의 언어적 특징과 인도인들의 언어적 관습 등을 망각하기 쉽다.

이와 같은 난점을 받아들이며, 『반야심경』과 『중론』의 「귀경게」에 등장하는 불생불멸을 살펴보면 다음과 같다.

첫 번째는 생生이라는 개념자 'A'를 부정한 것이 '불생不生', 즉 '~A'이다. 무엇보다 먼저 이런 식의 개념자 'A'와 이것의 부정형인 '~A'를 상정해야 한다. 생生의 반대가 되는 멸滅이라고 '한문식'으로 생각하면, 긍정으로 된 대립항인지, 부정으로 된 대립항인지 구분할 수 없게 된다. 멸滅도 이와 같은 식으로 부정형은 불멸不滅, 즉 'A'의 대립항인 '~A'로 상정해야 한다.

그리고 이렇게 『반야심경』과 『중론』의 「귀경게」의 부정으로 된 두 가지 개념의 한 쌍을 '~A/~A'으로 보고, 바로 여기서 멈추어야 한다. 왜냐하면 논박자의 주장인 사구의 두 번째 항인 '~A'를 사구부정의 1항처럼 여기는 순간, '없음[~A]의 있음[A]'이 되어 말이 말을 낳기 때문이다. 이런 문제를 '모순·딜레마·파라독스·역설·형용 모순' 등의 다양한 이름으로 부를 수 있는데, 이것은 언어 자체가 가진 한계 때문에 발생하는 것이다.

중관사상에서는 크게 두 가지 방법으로 이 문제를 해결하고 있다. 사구부정이 모두 등장하는 품으로 유명한 『중론』, 「제25

품 열반에 대한 고찰」에는 다음과 같은 게송이 등장한다.

[391 (25-7)]
만약 열반이 사태가 아니라면
비사태非事態[~A]를 (파악하는 것이) 어떻게 가능하겠느냐?
어떤 것에, (즉) 열반이 사태가 아닌 것에
(바로) 그것에, 비사태非事態[~A]는 존재하는 것이 아니다.

1행의 '만약 열반이 사태가 아니라면'이라는 가정은 열반이 무위법無爲法일 때의 논파다. 구사·인명·유식에서 말로 표현할 수 없는 경계를 무위법이라고 표현하는 것과 달리, 중관사상에서는 유위有爲, 즉 '삼스끄르따saṃskṛta'의 부정인 무위無爲, 즉 '아삼스끄르따asaṃskṛta'를, 'A'와 '~A'의 관계를 통해 보고 있다.

사구의 2항을 논하기 위해서는 먼저 명확한 개념·정의 등을 필요로 하는 1항으로 돌아가는 '도돌이표'가 나타나는데, 중관사상에서는 바로 이 문제를 해결하기 위하여 '단 하나의 개념도 자성을 가진 채 존재하지 않는다!'라며 '일체 희론'을 강조한다. 이 게송의 핵심은 1항의 개념자 'A'가 존재하지 않는다면 2항의 '~A'는 아예 논할 수도 없다는 것이다.

다른 하나의 방법은 방편교설을 강조하는 것이다. 용수 보살의 후기 저작으로 알려진 『회쟁론』에는 다음과 같은 게송이 나온다.

[23]

신통을 갖춘 자가 바로 그 (자신의 신통으로 만든) 신통을 갖춘 자(의 형상을), 그리고

마술사가 바로 그 (자신의 마술로 만든) 사람의 (형상을)

(신통이나) 마술로 없애서 부정하는 것처럼

이 (자성에 대한) 부정도 또한 그와 같다.

[29]

만약 나에 의한 어떤 주장이 존재한다면

그렇다면 나에게 그 오류가 존재할 것이다.

(그러나 만약) 나에게 (어떤) 주장이 존재하지 않는다면

나에게 결코 어떤 오류도 존재하지 않는다.

[23]번 게송에서는 비유를 통해서 논파하고 있다. 즉, 어떤 주장이든 그것이 존재하지 않음을 증명하기 위해서 존재하지 않는다는 '말'을 사용하는 경우다. 그리고 [29]번 게송에서는 중관파 특유의 '나의 주장은 없다. 다만 그대의 주장을

논파할 뿐!'이라는 테제를 담고 있다. 이와 같은 반야부의 공 사상을 논리적으로 설명하고 있는 중관사상은 일체 개념을 부정하는 자세로 '괴로움에서 벗어나는 길'을 가르쳐 주신 부처님의 그 뜻을 새기는 삶을 강조하고 있다.

역사적으로 한역 경전권에서는 이 '방편교설론'을 통해서 공 사상에 접근했기에, 사구와 사구부정의 논리적 구조를 통해서 공 사상을 이해하는 데에 취약했다. 어쩌면 오늘날은 방편교설보다 『반야심경』의 6불이나 『중론』의 「귀경게」의 8불을 논리적으로 이해하는 것이 더 중요할지 모르겠다. '논리의 창'으로 세계를 이해하는 것이 보편적 가치를 지닌 오늘날, '오늘의 그릇'에 담기는 불교가 되기 위해서 말이다.

앞에서 나눠 읽은 두 번째 항목과 세 번째 항목을 같이 읽으면 다음과 같다.

샤리뿌뜨라여! 이와 같이 모든 법들은 공상空相을 지녔으니, 생겨나는 것도 없고, 사라지는 것도 없고, 더러운 것도 없고, 깨끗한 것도 없고, 늘어나는 것도 없고, 줄어드는 것도 없다.

산스끄리뜨어 원문을 읽어보면 다음과 같다.

에밤 샤리뿌뜨라 사르바다르마(흐) 슌야따락샤나 아눗빤나
아니룻다 아마라 비마라 아누나 아삼뿌르나(흐).
(evaṃ śāriputra sarvadharmāḥ śūnyatālakṣaṇā anutpannā aniruddhā
amalā vimalā anūnā asaṃpūrṇāḥ|)

집경자는 '에밤evaṃ', 즉 '이와 같이'라 축약하여 쓰고 있으나, 전통적인 산스끄리뜨어 게송 작법인 '이와 같이~, 그와 같이~'인 '야뜨yat~, 따뜨tat~'를 써서 윤문하면 다음과 같이 옮길 수 있다.

샤리뿌뜨라여! (이와 같이) 모든 법들은 공상空相을 지녔으니
(그와 같이) 생겨나는 것도 없고 사라지는 것도 없고
더러운 것도 없고 깨끗한 것도 없고
늘어나는 것도 없고 줄어드는 것도 없다(는 것을 알아야 한다).

여기서 1행을 『중론』, 「귀경게」 1행의 '무언가에 의지하여 생겨난 것[緣起](이기에)'로 바꿔놓아도 큰 차이가 없다. 왜냐하면 '의지하여 생겨난 것의 모습'이 곧 공상空相이기 때문이다.

이와 같이 연기실상의 세계는 언설로 끊을 수 없음을,

그렇게 끊어지는 것이 아님을 알아야 한다는 강조의 방점을 찍은 후에 오온과 십팔계에 대한 부정을 시작한다. 앞에서 이미 한번 등장한 오온을 세분화하여 부정할 뿐만 아니라 십팔계의 각각의 개념을 부정하는 내용이다.

tasmāttarhi śāriputra śūnyatāyāṃ na rūpam, na vedanā, na saṃjñā, na saṃskārāḥ, na vijñānam, na cakṣurna śrotraṃ na ghrāṇaṃ na jihvā na kāyo na mano na rūpaṃ na śabdo na gandho na raso na spraṣṭavyaṃ na dharmaḥ| na cakṣur-dhāturyāvanna manodhāturna dharmadhāturna manovijñā-nadhātuḥ|

그때, 샤리뿌뜨라여! 공은 색도 아니고, 수도 아니고, 상도 아니고, 행도 아니고, 식도 아니다. 눈도 없고, 귀도 없고, 코도 없고, 혀도 없고, 몸도 없고, 마음도 없고, 보는 것도 없고, 듣는 것도 없고, 냄새 맡는 것도 없고, 맛보는 것도 없고, 만지는 것도 없고, 생각하는 것도 없다. 눈이라는 감각 기관 등이 없고, 마음[意]이라는 감각 기관이 없고, 마음이라는 감각 기관에 의한 인식[識]도 없다.

이 부분은 앞에서 언급한 첫째인 '논파의 대상이 되는 주제'인 오온·십팔계의 체계적인 이해를 요구하고 있다. 이미 오온에 대해서는 자세히 살펴보았으므로 십팔계를 중심으로 살펴보자.

십팔계를 도표로 정리하면 다음과 같다.

오대 **五大**	**육근六根**	**육경六境**	**육식六識**	
지地 수水 화火 풍風 공空	안眼	색色	안식眼識	전오식 前五識
	이耳	성聲	이식耳識	
	비鼻	향香	비식鼻識	
	설舌	미味	설식舌識	
	신身	촉觸	신식身識	
	의意	**법法**	**의식意識**	**육식六識**

'오온·십팔계'라는 말이 입에 붙어 있다 보면 육근, 즉 감각 기관 또는 인식 기관인 눈, 귀, 코, 혀, 몸 그리고 의意가 감각 대상 또는 인식 대상인 모양과 색깔, 소리, 향기, 맛, 접촉 그리고 법法과 명확하게 구분하기 어렵다. 왜냐하면 이것들이 홀로 존재하는 것이 아니라, 사대四大 또는 오대, 육대라 불리는 물질적인 요소로부터 비롯되었기 때문이다. 다시 한번

강조하지만, 이 물질적 요소로부터 비롯된다는 생각을 놓칠 경우, 부처님 재세시의 육사외도[48] 가운데 절대다수였던 유물론적인 경향성, 또는 이 세간의 물질적인 속성을 강조했던 급진론들에 대응했던 부처님의 모습을 놓치기 쉽다.

일반적으로 오온·십이처·십팔계로 나눌 때 육근과 육경을 합쳐 십이처라고 부른다. 이것은 육식을 뺀 십팔계를 가리킬 뿐, 특별히 다른 것이 아니다. 중요한 것은 육식六識을

48. 필자의 강의 자료집인 『인도불교의 사상과 역사』에서 정리한 내용은 다음과 같다.

6사외도(tiṭthiyas)의 사상적 차이

1. 뿌라나 까싸빠(Praṅa Kassapa) ⇒ 업을 부정 / 도덕 부정론 / 노예 출신. 살생과 그 과보가 없다. ⇒ 유물론자

2. 빠꾸다 까짜야나(Pakudha Kaccyana) ⇒ 일곱 가지 요소로 구성 / 도덕부정론

3. 막카리 고사라(Makkhal Gosla) ⇒ 업을 부정 ⇒ 사명외도 ⇒ 고행파

4. 아지따 께사깜바린(Ajita Kesakambalin) ⇒ 업을 부정 ⇒ 유물론자, 내세는 없다. 훔치고 도둑질하더라도 죄가 없다.

5. 산자야 베랏티뿟따(Snjaya Belaṭṭhiputta) ⇒ 업을 인정

사리불과 목련의 스승 회의론자 ⇒ ~라고 생각하지 않는다. 4구부정의 원조.

6. 니간타 나따뿟따(Nigaṇṭha Ntaputta) ⇒ 업을 인정, 자이나교의 사조. 불교와 거의 유사

이 육사외도들 가운데 막카리 고사라와 아지타 께사깜바린은 업을 부정했기 때문에 대표적인 유물론자로 간주되고 있다. 뿌라나 까싸빠도 역시 업을 부정하였으며 빠꾸다 까짜야나는 세상은 일곱 가지 요소로 구성되어 있다고 주장했다. 이들과 달리 산자야 베랏티뿟따는 업을 인정했으며, 니간타 나타뿟따는 자이나교의 사조로 알려져 있다.

구분하는 불교의 독특한 방법이다. 각각의 감각 기관 또는 인식 기관에 식이 있다는 이 발상은 불교만이 가진 독특한 것으로, 오늘날의 뇌과학과 전통적인 교학 체계에 대한 많은 생각을 가지게 한다. 물론 '괴로움에서 벗어나기 위한' 불교가 바라본 '나와 세계'는 이 세계의 기본 원리를 논리적으로 설명하고자 하는 '증명의 학문'인 과학이 추구하는 바와 다르다는 점에서, 이 둘에는 명확한 차이가 있다. 그렇지만 공통적인 지점이 확인된다면, 전통적인 부분만을 강조할 것이 아니라 '괴로움에서 벗어나기 위한' 방편의 입문으로 얼마든지 쓸 수 있다.

'불교적'으로 생각하기 위해서는 전오식과 육식의 명확한 구분이 필요하다. 전오식을 다룰 때는 감각 기관이나 인식 기관은 동일하다. 왜냐하면 감각 기관이 모두 밖으로 향하기 때문이다. 그렇지만 육식에는 밖으로 향하는 감각 기관이 존재하지 않는다. 전오식처럼 감각 기관과 인식 기관이 같을 때도 있지만, 육식에 한해서는 인식 기관만 존재할 뿐, 눈, 코, 입… 등의 감각 기관이 따로 존재하지 않는다.

이 때문에 유식파 등에서는 의식 대신 '육식, 칠식, 팔식' 등 숫자로 부르는 경향성이 강하다. 이 육식만 따로 떼놓고 보면, 그 인식 기관인 근根은 의意이고, 인식 대상인 경境은 법法이다.

불교에 이제 막 입문한 초보자나 나름 불교 교학에 정통한 이들도 하나의 단어가 다른 곳에서 다르게 쓰이거나 비슷하게 쓰이는 경우, 이것을 어떻게 나누고 다룰지 고민할 때가 더러 있는데 의意와 법法이 좋은 예다. 그러므로 '의'나 '법'이라는 단어가 등장할 때 오온·십팔계의 정의에 해당하는지, 그렇지 않은지를 명확하게 나누어야 한다. 이것은 곧 심의식心意識에 대해 논할 때, 동의어로 보는 인명과 각각이 다른 식에 대응하는 『해심밀경』과 같은 유식파의 경전에 등장하는 의意인지 명확하게 구분해서 봐야 한다는 뜻이다.

이제 『중론』에서 육근 등을 어떻게 논파하는지 살펴보자. 총 9개의 게송으로 된 「제3품 (육六)근根에 대한 고찰」에서는 눈·귀·코·혀·몸·의意의 육근 가운데 안眼, 즉 육근 가운데 첫 번째인 눈의 작용으로 '보는 것'이 자성을 가졌는지부터 다룬다. 총 9개의 게송은 다음과 같다.

[42 (3-1)]

(육경六境은) 보는 것[色]과 듣는 것[聲]과 냄새 맡는 것[香]과

맛보는 것[味]과 만지는 것[觸] (등)이다.

육근六根, 그것들의

소행처所行處는 (바로 이런) 보는 것에 대한 대상 등(이다.)

[43 (3-2)]

(그렇지만) 그 보는 것은 자기 자신 그 자체[本性, 自性],

그것을 보지 못한다. (그런데) 그 자체

그 어떤 것이, (즉) 자기 자신을 보지 못하는 것이

저 다른 것들을 어떻게 볼 수 있겠는가?

[44 (3-3)]

보는 것을 제대로 증명하기 위한

불의 비유는 (성립이) 불가능하다.

가버린 것과 가지 않은 것, 지금 가고 있는 중인 것이

바로 그것에 대한 답(이다).

[45 (3-4)]

어떤 조그만 것도 보는 것이 아닐 때

보는 것이라는 행위는 존재하지 않는다.

"보는 것이 보는 행위(이다)"라는 언급이

바로 그것이 어떻게 합리적인 것으로 되겠느냐?

[46 (3-5)]

보는 것은 보는 것 자체가 아니다. 그리고

보지 않는 것도 보는 것 자체가 아니다.

(이와 같이) 보는 것 자체로 보는 자도
설명되는 것을 이해해야 한다.

[47 (3-6)]
(보는 것과) 분리되지 않은 보는 자는 존재하지 않는다.
보는 것과 분리된 (보는 자) 또한 (마찬가지다.)
보는 자가 없다면 보이는 대상과
보는 것, 그것들이 어떻게 존재하겠는가?

[48 (3-7)]
아버지와 어머니에
의지하여 바로 (그) 자식이 생겨난다고 말한다.
그와 같이 눈과 색色에 의지하여
식識이 생겨난다고 말한다.

[49 (3-8)]
보이는 대상과 보는 것이 없기 때문에
식識 등 넷, (그것들은)
존재하지 않는다. 그렇다면 취取 등이
어떻게 존재하겠는가?

[50 (3-9)]

(6경六境은) 보는 것[色]과 듣는 것[聲]과 냄새 맡는 것[香]과
맛보는 것[味]과 만지는 것[觸], 마음[意](의 대상인 법法이다.)
듣는 자와 듣는 것 등(도 이와 같이)
설명되는 것을 이해해야 한다.

[49 (3-8)]번 게송에서는 십이연기의 육입六入 다음에 나오는 촉수애취觸受愛取를, 그리고 [50 (3-9)]번 게송에서는 6경六境도 자성을 가진 것이 아님을 강조하고 있다. 이것들을 모두 합치면 십이연기의 촉수애취과 십이처인 육근과 육경도 무자성인 것이 된다.

[50 (3-9)]번 게송 3, 4행의 '듣는 자와 듣는 것 등(도 이와 같이) / 설명되는 것을 이해해야 한다.'라고 언급한 것처럼, 이것을 하나하나 논파할 때는 [42 (3-1)]번 게송부터 [47 (3-6)]번 게송까지 이어지는 방법을 적용하면 된다. 그리고 이와 같은 논파는 바로 앞 품인 「제2품 가고 오는 것에 대한 고찰」의 예시를 통해 설명하고 있다. 이 부분을 다시 읽어보자.

[44 (3-3)]

보는 것을 제대로 증명하기 위한

불의 비유는 (성립이) 불가능하다.
가버린 것과 가지 않은 것, 지금 가고 있는 중인 것이
바로 그것에 대한 답(이다).

1, 2행에 등장하는 '불의 비유'는 『중론』에 '불과 어둠'과 '불과 연료' 등 두 번 등장한다. 불과 어둠의 경우는 「제7품 생기는 것[生]과 머무는 것[住]과 사라지는 것[滅]에 대한 고찰」에, 그리고 불과 연료의 경우는 「제10품 불과 연료에 대한 고찰」에 나온다. 모두 상호 의존성이 성립하지 않을 때, 즉 자성을 가질 때 각각의 개념이 성립하지 않음을 보여준다. 여기서는 이와 같은 비유가 아니라 「제2품 가고 오는 것에 대한 고찰」의 예시가 바로 그 답이라고 한다.

'가는 자는 가지 않는다.'

이 테제는 『중론』 전체를 이해하는 출입문과 같다. 총 25개 게송으로 된 「제2품 가고 오는 것[去來]에 대한 고찰」의 첫 부분인 6개의 게송에서 이 문제를 자세히 다루고 있다.

[17 (2-1)]
지금, 가버린 것은 가는 것이 아니고

가버리지 않은 것 또한 가는 것이 아니다.

가버린 것과 가지 않은 것을 배제한

지금 가고 있는 중인 것은 이해되지 않는다.

【문】

[18 (2-2)]

움직이는 것, 거기에 가는 것이 (있다).

또한 그 어떤 지금 가고 있는 중인 것에는

(그) 움직이는 것이 가버린 것도 아니고 가버리지 않은 것도 아니다.

왜냐하면 지금 가고 있는 중인 것에 가는 것이 있기 때문이다.

【답】

[19 (2-3)]

'지금 가고 있는 중인 것에 가는 것이 있다'는 바로 (이것이)

어떻게 옳겠는가?

(왜냐하면) 가지 않는 것일 때

지금 가고 있는 중인 것(이 있다는 것)은 옳지 않기 때문이다.

[20 (2-4)]

(또한) 지금 가고 있는 중인 것에 가는 것의 (경우에는),

그것의 (경우에는) 지금 가고 있는 중인 것에 가는 것이
없는
과실過失이 (발생하게) 된다. 왜냐하면
지금 가고 있는 중인 것에 가는 것이 있기 때문이다.

[21 (2-5)]
'지금 가고 있는 중인 것 가운데 바로 (그) 가는 것이 있다면
가는 것이 두 개다'라는 과실이 (발생하게) 된다. 왜냐하면
(그) 어떤 것이 그 지금 가고 있는 중인 것으로 되었고
그것에 (그) 어떤 가는 것이 되기 (때문이다).

[22 (2-6)]
'가는 것이 두 개다'라는 과실過失이 (발생하게) 되면
가는 자 또한 둘로 된다.
왜냐하면 바로 가지 않는 자가
가는 것은 옳지 않기 때문이다.

전체적인 내용을 이해하기 위해서는 무엇보다 먼저 '가는 것을 행하는 자를 가는 자라고 부른다.'라는 정의에서 출발해야 한다. 즉, '가는 것'이라는 행위가 자성을 가졌는지 차근히 살펴보는 것부터 따져보면서 '가는 자'까지 살펴

봐야 한다.

과거, 현재, 미래라는 시제를 통해서 '가는 것'을 다루는 것이 곧 첫 번째 게송의 '1) (이미) 가버린 것'과 '2) (아직) 가지 않은 것', 그리고 '3) (지금) 가고 있는 중인 것'이다. 우리말로 이 대목을 이해하기는 만만치 않지만, 산스끄리뜨어의 경우 각각의 시제는 수동분사를 명사형으로 만드는 것을 통해서 명확하게 구분된다. 즉, '가다'는 뜻을 지닌 동사 어근 '감√gam'에서 파생한 1) (이미) 가버린 것은 '가따gata', 2) (아직) 가지 않은 것은 '아가따agata', 그리고 3) (지금) 가고 있는 중인 것인 '가미야마나gamyamāna'는 과거 및 현재 수동분사를 명사로 만든 것으로 구분된다. 그리고 '감'의 명사형인 가는 것은 '가띠gati'로, 이와 같이 각각의 다른 단어는 각각 다른 것처럼 격변화를 한다.

첫 번째 게송에 대한 용수 보살의 이와 같은 지적에 두 번째 게송에서 논박자는 '움직이는 것', 즉 '지금 가고 있는 중인 것에 가는 것'이 있다고 주장한다. 이어지는 내용은 이렇게 '가는 것'과 '지금 가고 있는 중인 것에 가는 것'이 생겨나면 가는 것이 두 개가 되고, 그 결과 가는 자가 둘로 된다는 것이 『중론』의 '가는 자는 가지 않는다.'라는 테제다. 이것을 도형으로 그려보면 다음과 같다.

도형을 통한 이해

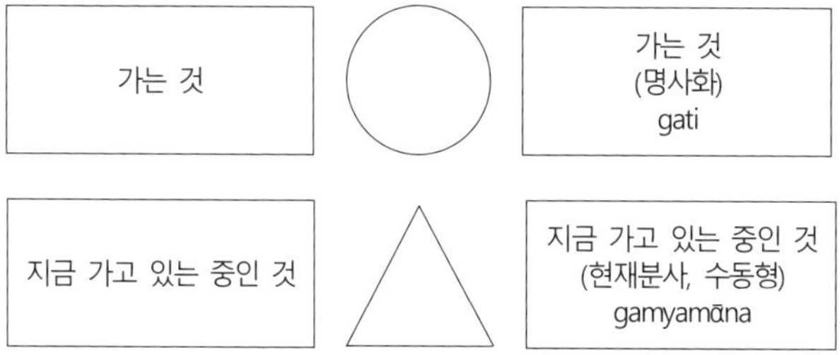

언어의 차이로 이해하기 어려우나 위의 도형에서 보듯 동그라미와 세모가 다른 것으로 바뀔 수 없듯, 자성도 이와 마찬가지다.

이어지는 내용은 계界에 대한 고찰로, 『중론』에서는 일반적인 십팔계를 다루는 것이 아닌, 지수화풍공이라는 오대의 허공을 그 대상으로 다루는 것이 「제5품 계界에 대한 고찰」이다. 총 8개의 게송으로 된 이 품에서는 상相, 즉 어떤 대상과 그것의 특징 사이에서 발생하는 '시간의 차이 문제'를 통해서 논파하고 있다.

[60 (5-1)]

허공[空]의 상相이 먼저 (생겨났다)면

어떤 허공도 존재하지 않는다.

만약 상相 이전에 먼저 (허공이) (생겨)났다면 (그 허공에는)
상相이 존재하지 않는 과실過失이 (발생하게) 된다.

[61 (5-2)]
상相이 없는 바로 (그) 사태,
그 어떤 것은 어디에서도 존재하지 않는다.
상相이 없는 사태가 존재하지 않는다면
(그) 상相이 어떻게 (감각 기관에) 들어오겠는가?

[62 (5-3)]
상相이 없는 것에서 바로 (그) 상相은
파악되지 않는 상相을 갖춘 것으로 (파악되지) 않는다.
상相을 갖춘 것과 상相이 없는 것으로부터,
또 다른 것(으로부터)도 또한 파악되지 않는다.

[63 (5-4)]
(어떤) 상相이 파악되지 않으면
(그) 상相의 근거는 옳지 않다.
(그) 상相의 근거가 옳지 않다면
바로 (그) 상相도 또한 존재하지 않는다.

[64 (5-5)]

그러므로 상相의 근거가 없는 것, 그것은

(그) 상相은 존재하는 것 자체가 아니다.

상相의 근거(와) 상相을 배제한

(어떤) 사태도 존재하지 않는다.

[65 (5-6)]

사태가 존재하는 것이 아니라면

사태가 없는 것(의) (그) 무엇의 (것이 있어 사태로) 존재하는 것으로 되겠는가?

사태(가 존재하는 것)이고 사태가 존재하지 않는 것이라는 상호 모순되는 현상[法](에서)

어느 누가 사태(가 존재하는 것)이고 사태가 존재하지 않는 것임을 알 수 있겠는가?

[66 (5-7)]

그러므로 허공의 사태는 존재하지 않는다.

사태가 (존재하는 것이) 아니거나 존재하지 않는 것이 아니든 (그) 상相의 근거는 존재하지 않는다.

(그러므로) 상相 (또한) 존재하지 않는다. 5계界(의)

다른 나머지들도 또한 (이) 허공과 같다.

[67 (5-8)]

우매한 자들은 사태들을
'존재하는 것 자체다' 또는 '존재하는 것 자체가 아니다'로
본다. 바로 그 때문에 보아야 할 것(인)
적멸한 적정을 보지 못한다.

앞에서 언급했듯, 계界, 즉 '다뚜dhātu'가 십팔계와 같은 어떤 특정한 경우에만 사용되는 것이 아님을 보여주는 이 품에서는 소상과 능상의 관계, 또는 '상'과 '상의 근거'가 가지는 자성의 문제를 지적하고 있다. 어떤 근거에서 비롯된 것이 '바로 그 특징'인 상이지만, 어떤 근거와 그것의 상, 즉 어떤 움직이는 대상의 특징에 대한 정의는 우리의 편의를 위한 것일 뿐, 자성을 가진 것이 아니다.

마지막 게송에서 언급하고 있듯, '우매한 자들'이 보아야 할 것인 괴로움을 여읜 경지인 '적멸한 적정을 보지 못한 채' 옳고 그름만 따지려는 것은 언설로 표현된 것을 자성을 가진 것처럼 여기기 때문이다.

이어지는 내용은 십이연기와 사성제에 대한 부정이다.

6. 법문 본 내용 ②

십이연기에 대한 부정
사성제에 대한 부정

> na avidyā nāvidyā na kṣayo yāvanna jarāmaraṇaṃ na jarāmaraṇakṣayaḥ, na duḥkhasamudayanirodhamārgā na jñānaṃ na prāptirnāprāptiḥ|
>
> 무명도 없고, 무명의 다함도 없고, 늙고 죽음도 없고, 늙고 죽음의 다함도 없기에 고집멸도도 없고, (그것을) 안다는 것도 없고, (그것을) 얻는다는 것도 없고, 얻지 않는다는 것도 없다.

십이연기[49]와 사성제[50]를 부정하는 이 부분에서 제일 문제

49. 십이연기의 사전적 정의와 산스끄리뜨어, 티벳어를 첨언하여 정리하면 다음과 같다.

(1) 무명(無明, avidyā, ma rig pa). 미(迷)의 근본인 무지(無知).

(2) 행(行, saṃskāra, 'du byed 또는 las). 무지로부터 다음의 의식 작용을 일으키는 동작.

(3) 식(識, vijñāna, rnam shes). 의식 작용.

(4) 명색(名色, nāma-rūpa, ming gzugs). 이름만 있고 형상이 없는 마음과

가 되는 부분은 산스끄리뜨어 원문의 차이다. 원문의 경우 '나 비드야 나비드야na vidyā nāvidyā'로, 무명無明을 뜻하는 '아비드야avidyā' 대신에 '앎'을 뜻하는 명明, 즉 '비드야vidyā'로 되어 있다.[51]

• •

형체가 있는 물질.

(5) 육처(六處, ṣaḍ-āyatana, skye mched drug). 안(眼) · 이(耳) · 비(鼻) · 설(舌) · 신(身)의 5관(官)과 의근(意根).

(6) 촉(觸, sparśa, reg pa). 사물에 접촉함.

(7) 수(受, vedanā, tshor ba). 외계(外界)로부터 받아들이는 고(苦)·낙(樂)의 감각.

(8) 애(愛, tṛṣṇā, sred pa). 고통을 피하고, 즐거움을 구함.

(9) 취(取, upādāna, len pa 또는 nyer len). 자기가 욕구하는 물건을 취함.

(10) 유(有, bhāva, srid pa). 업(業)의 다른 이름. 다음 세상의 결과를 불러올 업.

(11) 생(生, jāti, skye ba). 이 몸을 받아 남.

(12) 노사(老死, jarā-maraṇa, rga shi). 늙어서 죽음. 또 어떤 때는 연기를 해석할 적에 1찰나(刹那)에 12연기를 갖춘다는 학설과, 시간적으로 3세(世)에 걸쳐 설명하는 2종이 있음.

50. 사성제의 사전적 정의는 다음과 같다.

사성제(四聖諦): 네 가지의 성스러운 진리, 사제(四諦).

〖범〗catvāri-āryasatyāni 〖팔〗cattāri-āriyasaccāni. 고(苦) · 집(集) · 멸(滅) · 도(道).

(1) 고제(苦諦, duḥkha-satya). 현실의 상(相)을 나타낸 것이니, 현실의 인생은 고(苦)라고 관하는 것.

(2) 집제(集諦, samudaya-satya). 고(苦)의 이유근거(理由根據) 혹은 원인(原因)이라고도 하니, 고의 원인은 번뇌인데, 특히 애욕과 업(業)을 말함. 위의 2제는 유전(流轉)하는 인과.

(3) 멸제(滅諦, nirodha-Satya). 깨달을 목표. 곧 이상(理想)의 열반.

(4) 도제(道諦, mārga-satya). 열반에 이르는 방법. 곧 실천하는 수단.

7종의 한역이 모두 '무무명無無明', 즉 '나 아비드야na avidyā'로 되어 있고, 티벳역도 마찬가지로 무명을 부정하고 있다. '마릭빠 메, 마릭빠 제빠 메빠 네ma rig pa me / ma rig pa zad pa med pa nes'라고, 이 부분을 무명으로 읽지 명明으로 읽지 않기 때문에, 이 부분은 좀 더 살펴보아야 한다.

만약 '나 비드야 나비드야'를 '명도 없고, 무명도 없다.'라고 옮겼을 경우, 이때는 십이연기와 아무 상관도 없는 사구의 두 번째까지를 부정하는 것이기에, 전통적으로 읽어온 '무무명 역무무명진'과 충돌을 불러일으킨다. 거기다 이 문제를 해결하기가 만만치 않은 것은 원문이 '나 아비드야 나비드야 나 끄샤요 야반나na avidyā nāvidyā na kṣayo yāvanna'까지 한 대목으로 이어져 있기 때문이다.

첫 번째인 '나 아비드야na avidyā'를 '무무명'으로 보고, 두 번째 '나비드야nāvidyā'를 '무무명'을 부정했을 경우, 연음 작용을 떼어 쓴 것과 붙여 쓴 것만 차이가 날 뿐이다. 그래서

51. 사르나스판 잡산스끄리뜨어 원문과 티벳역을 저본으로 삼은 필자와 달리 전통 산스끄리뜨어를 저본으로 삼은 전순환의 연구에 따르면, 이 문장은 '나 비드야 나 아비드야 나 비드야끄사야흐 아비드야끄사야흐(na vidyā na avidyā na vidyākṣayaḥ na avidyākṣayaḥ)'로 되어 있다.
이것에 따라 풀면, '명(明, 아는 것)도 없고 무명도 없고, 명의 다함도 없고, 무명의 다함도 없다.'가 된다. 여기서는 한역과 티벳역을 모두 살리려 노력했으나, 축약으로 인해 생긴 원문과의 차이는 피해갈 수 없다.
자세한 내용은 전순환, 같은 책, 332쪽 참조.

이것은 '역무무명진亦無無明盡'까지 나가지 못한다. 이것은 해결해 주는 것이 '나 끄사요 야반나na kṣayo yāvanna'를 '나 끄사요 야바뜨na kṣayo yāvat'와 부정어 '나na'를 나눈 뒤, '야반나'가 연음 작용을 하기 전인 '야바뜨yāvat'의 '~에서 ~까지'를 뜻하는 'until', 즉 '~까지'라고 보고 해석하는 방법이다. 이것은 티벳역에서 두드러진다.

티벳역의 "마릭빠 메, 마릭빠 제빠 메빠 네ma rig pa med / ma rig pa zad pa med pa nes'의 '제빠zad pa'[52]는 한역의 '다할 진盡'에 해당한다. 이것은 '끄사야kṣaya'[53]를 남성, 단수, 주격으로 보고 푼 경우다. 그리고 이어지는 '없음'을 뜻하는 '메빠med pa' 이후에 '탈격'의 '네nas'가 나온다. 이때 사용된 탈격은 시간의 전후뿐만 아니라 원인, 이유 등을 설명하는 것으로 볼 수 있다. 이에 따라 옮기면, 티벳역은 '무명도 없고, 무명의 다함도 없기 때문에'가 된다. 이 경우, 뒤따라 나오는 십이연기의 나머지 부분도 모두 자성을 가진 것이 아님이 명확해진

52. '제빠('dzad pa)'의 과거형을 명사로 쓰는 '제빠(zad pa)'에는 '끝'이나 '진(盡)' 등의 뜻이 있다. 티벳어 산스끄리뜨어 사전 등에서는 '제빠(zad pa)'와 '끄사야(kṣaya)' 또는 '끄시나(kṣīṇa)'에 대해서 다룰 뿐 '제빠('dzad pa)'에 대해서는 다루지 않고 있다.

53. 어근 '끄시(√kṣi)'에서 파생한 '끄사야(kṣaya)'에는 'loss, waste, wane, diminution, destruction, decay wasting or wearing away, fall' 등의 뜻이 있다. 용례 가운데 '끄사야 까라(kṣaya-kāla)'에 'the end of all things, the period of destruction'이 있는 것처럼, 여기서는 '~이 다하다, ~이 끝나다'라는 뜻이 강하다.

다. 이것을 유념하면 다음과 같이 풀어 쓸 수 있다.

na avidyā nāvidyā na kṣayo yāvanna jarāmaraṇaṃ na jarāmaraṇakṣayaḥ,

(십이연기의 첫 출발점인) 무명도 없고, (그) 무명의 다함도 없기에, 노사도 없고, 노사의 다함도 없다.

또는 다음과 같이 풀어쓸 수도 있다.

(십이연기의 첫 출발점인) 무명도 없고, '(그) 무명이 다한다는 것'도 없다. 그러므로 (이어지는) 노사도 없고, 노사의 다함도 없다.

전순환이 판본을 비교하며 살펴본 것처럼, 축약된 부분을 모두 포함하여 옮기면 더욱 그 의미가 명확하게 와닿는다.[54]

na vidyā na avidyā na vidyākṣayaḥ na avidyākṣayaḥ yāvan na jarāmaraṇaṃ na jarāmaraṇakṣayaḥ,

54. 전순환, 같은 책, 332쪽.

명明도 없고, 무명도 없고, 명의 다함도 없고 무명의 다함도 없기에, 노사도 없고, 노사의 다함도 없다.[55]

십이연기의 출발점인 무명으로 출발하여 끝인 노사까지 이어진 내용을 하나로 축약한 이 부분을 한눈에 알아보기 어려운 것은 '무명'이라는 부정어를 하나의 독립된 단어처럼 다룬 데서 비롯되었다. '아비드야avidyā'와 같은 명사형 부정과 '나na'와 같은 구문형 부정을 섞어 쓰는 것은 『반야심경』뿐만 아니라 『중론』의 특징이기도 하다. 이것은 앞에서 언급한 '셋째는 명사형 부정과 구문형 부정의 차이를 숙지해야 한다.'라는 대목과 밀접한 관계를 맺고 있다. 명사형 부정과 서술형 부정을 간단하게 정리하면 다음과 같다.

명사형 부정: prasajya **부정**
구문형 부정 또는 서술형 부정: paryudāsa **부정**

무아無我는 명사형 부정의 전형적인 형태로, 이 경우에는

55. 이렇게 옮기면 이 한 행의 의미는 명확해진다. 그렇지만 애초에 우리가 시도했던 십이연기에 대한 부정보다는 명과 무명이라는 쌍을 이루는 개념자의 부정만 더욱 명확해지는 것처럼 보이기도 한다.

하나의 단어로 취급한다. 이것은 곧 '(고정불변하는 속성을 가진) 자아는 존재하지 않는 것'이라는 뜻인 '아나뜨만anātman'을 하나의 명사로 다룰 수 있다는 뜻이다. '알지 못함'을 뜻하는 '무명無明', 즉 '아비드야avidyā'도 마찬가지다. 문제가 되는 것은 구문론적 부정 또는 서술형 부정의 경우로, 이것은 인도 논리에서 부정확한 것으로 간주하고 있다. 예시를 통해 살펴보자.

명사형 부정의 예시: 무아, 무상 등

구문형 부정 또는 서술형 부정의 예시: 뚱뚱한 데바닷따는 낮에는 음식을 먹지 않는다.

이 서술형 부정의 예시에서 보듯, 불전 문학의 '영원한 빌런'인 데바닷따가 낮에 음식을 먹지 않는다고 해서 밤에 폭식하지 말라는 법은 없다. 이처럼 '**뚱뚱한** 데바닷따'와 '낮에 밥을 먹지 **않는 것**'과의 상관관계를 명확하게 설명할 수 없기에 논리적인 오류가 발생한다.

이것을 날카롭게 지적한 것이 '저 산에 연기가 있다'라는 정언 논증의 반대인 '저 산에 연기가 없을' 때의 문제다. 전통적인 인도의 추론, 논증은 '저 산에 연기가 있다.'라는 데서 출발한다. 왜냐하면 무언가 '없다'라는 것에서 시작하면 제아

무리 정확한 표현이라도 문제가 발생할 수밖에 없기 때문이다. 이런 이유로 인도 논리학에서는 전통적으로 서술형 부정을 올바른 논리적 판단자로 간주하지 않는다. 그렇지만 반야 · 중관에서는 이런 지적에 대해서 크게 신경을 쓰지 않는다. 그리고 바로 이런 자세 때문에 힌두 논리학파인 니야야학파Nyāya에서는 중관파를 '논리의 파괴자'라고 부른다.

이와 같은 논리적 문제에 대한 논의가 생기기 전부터 존재하던 것이 '무명'부터 출발하는 십이연기이고, 『반야심경』에서는 서술형 부정을 통해 이것마저 부정하고 있다.

그렇지만 『중론』에는 이 십이연기를 간략하게 설명하고 있을 뿐 부정하지 않는다. 그 이유에 대해서 청목은 「제26품 십이연기에 대한 고찰」의 도입부에서 빼어난 주석을 통해 다음과 같이 설명하고 있다.

> 【문】 그대는 지금까지 대승으로 제일의제第一義諦의 도道를 설하였다. 이제 나는 성문법聲聞法에서 제일의제에 들어가는 도에 대한 설명을 듣고 싶다.[56]

이와 같은 주석을 통해 살펴보면, 이어지는 내용은 성문

56. 『중론』, 김성철(역), 435쪽.

법에 따른 설명일 뿐, 중관사상이 아니다. 총 12개의 게송으로 된 『중론』의 「제26품 십이연기에 대한 고찰」은 다음과 같다.

[409 (26-1)]
무명無明에 덮인 자는 다시 (오는) 후생後生을 위해서
세 가지 행行들을 (짓고)
(그는) 이전[前生]에 (지은) 어떤 행行의
그 업業들에 의해서 (육)취趣를 떠돈다.

[410 (26-2)]
행行에 연緣한 것인 식識은
(육)취趣들로 들어간다.
식識이 자리를 잡으면
바로 그 명名과 색色이 나타난다.

[411 (26-3)]
바로 그 명名과 색色이 나타나면
육처六處가 발생한다.
육처六處에 의존하여
완벽한 촉觸이 발생한다.

[412 (26-4)]

눈[眼]과 색色과 주의력注意力에
의지하여 생기는 것이 오직 그것[眼識]이듯,
그와 같이 명名과 색色에 의지하여
식識이 생겨난다.

[413 (26-5)]

눈[眼]과 색色과 식識,
(이) 셋이 어떻게든 화합하는 것,
바로 그것이 촉觸이다. 바로 그 촉觸으로부터
모든 수受가 발생한다.

[414 (26-6)]

수受에 연緣하여 애愛가 (발생한다.) 왜냐하면
받아들인[受] 대상을 갈애渴愛하기 때문이다.
(누군가) 갈애渴愛된 것으로부터 취取할 (때)
네 가지 취取가 (형성)된다.

[415 (26-7)]

취取가 존재하면 취하는 자[取者]의

모든 유有=존재가 발생한다.
만약 취取함이 없는 자라면
해탈하여 존재하지 않을 것이다.

[416 (26-8)]
그 유有가 곧 오온五蘊이다.
바로 그 유有로부터 생生=태어남이 발생한다.
노사老死와 비애[悲哀]와
비통悲痛과 고苦와

[417 (26-9)]
근심(걱정)과 (마음의) 혼란 등
그것들은 (모두) 생生으로부터 발생한다.
그와 같이 바로 그 고통의 모음[苦蘊],
오직 이것만 발생하게 된다.

[418 (26-10)]
윤회의 뿌리[根]는 짓는 것[行]이다.
그 때문에 현자들은 (그것들을) 짓지 않는다.
그 때문에 어리석은 자는 (그것들을) 짓는 자이다.
현자는 그 여실한 모습을 보기[觀] 때문에 (그것들을 짓지 않는다).

[419 (26-11)]
무명無明이 사라진다면
모든 행行은 발생하지 않는다.
바로 그 무명無明이 사라지는 것은
지혜로 (십이연기) 그 자체를 수행하는 것으로 (이루어진다).

[420 (26-12)]
바로 이것이 그렇게 사라지므로
바로 저것이 그렇게 나타나지 않는다.
오직 고苦뿐인 온蘊[苦蘊],
바로 그것도 그렇게 완전히 사라진다.

이상에서 보듯, 『중론』의 총 27개 품 가운데 유일하게 부정의 논파가 등장하지 않는 이 품은 청목의 설명처럼, '성문법聲聞法에서 제일의제에 들어가는 도', 즉 소승의 관점으로 설명할 수 있다. 그렇지만 이제론의 관점에서 보았을 때나 결론에 해당하는 다음 품인 「제27품 그릇된 견해에 대한 고찰」과 함께 성문법으로 묶기에는 무리가 있다.[57] 십이연기의 부정을 알기 위해서는 용수의 다른 저작으로 알려진 『칠십공성론七十空性論, *Śūyatāsaptati kārikā*』을 봐야 한다.[58]

[8]

십이연기는 어떤

고苦의 과果를 받는 것(이다. 그러나) 그것은 발생하지 않는다[不生].

(왜냐하면 그것이) 마음에 하나씩 (순차적으로 생기는 것) 또한 옳지 않고

여럿(이 동시)에 (생기는 것) 또한 옳은 것이 아니기 (때문이다).

[9]

1) 상常도 (존재하는 것이) 아니고 무상無常도 (존재하는 것이) 아니고 2) 아我와

무아無我도 (존재하는 것이) 아니고 3) 정淨과 부정不淨도 (존재하는 것이) 아니고

4) 낙樂도 (존재하는 것이) 아니고 고苦도 (존재하는 것이)

57. 『중론』 가운데 왜 십이연기에 대한 논파가 존재하지 않는지는 좀 더 자세한 논의가 필요하지만 여기서 다룰 주제가 아니라 생략하겠다.

58. 자세한 내용은 졸역, 『중관이취육론(中觀理聚六論)』 2권, 349~353쪽 참조.

아니다.

그러므로 전도된 것들은 존재하지 않는다.

[10]

그것(들)이 존재하지 않기 (때문에, 이) 네 (개의) 전도된 것으로부터

발생하는 무명無明은 (존재하는 것이) 아니고 이 불가능한 것으로부터

(발생하는) 그것[無明]이 존재하지 않기 (때문에), 행行은 발생하지 않고

(십이연기의) 나머지들도 또한 그와 같다.

[11]

무명無明은 행行이 존재하지 않으면 발생하지 않는다.

그것[無明]이 존재하지 않으면 행行은 발생하지 않는다.

상호 원인[因]이기 때문에 바로 이 둘은

바로 그 자성自性을 통해서 성립하지 않는 것이다.

[12]

어떤 것이 자기 자신[svātmān, 本性]의 자성自性을 통해서

성립하지 않는다면 그것이 다른 것(을 통해서) 어떻게 발생

하겠는가?

그러므로 다른 것으로부터 성립하는

바로 그 다른 연緣들이 발생을 행하는 것이 아니다.

[13]

바로 그 아버지는 (아들이 존재하지 않으면 존재하는 것이) 아니고 아들 (또한 아버지가 존재하지 않으면 존재하는 것이) 아니다.

그 둘은 상호 존재하지 않으면 (존재하는 것이) 아니다. 그리고

그 둘이 각각 (존재하는 것도) 또한 (존재하는 것이) 아닌 것처럼

십이연기 (또한) 그와 같다.

『반야심경』에서는 단지 한 문장으로 무명에서 출발하여 노사老死까지 자성이 없음을 간단하게 주장하지만 『칠십공성론』에서는 1) 무명 자체가 자성을 가진 것이 아니고, 2) 무명 다음의 행과의 관계의 의존성을 통해서 부정한다. 그리고 이 상호 의존성에 대한 예시로 13번 게송의 아버지와 아들의 관계를 들고 있다.

이미 앞에서 불교 인식론의 근간인 오온·십팔계를 충분히

부정한 만큼, 어떤 개념 자체를 부정하는 것에 익숙해지면 십이연기의 부정도 마찬가지다.

이어지는 사성제의 부정도 이와 같은 방식으로 간단하게 이루어져 있다.

na duḥkhasamudayanirodhamārgā
고집멸도도 없고

문법적으로 이채로운 점은 보통 '도道'를 뜻하는 남성 명사 '마르가mārga'를 복수형으로 쓰고 있다는 것이다. 다른 곳과 달리 여기서만 남성 단수 주격 변화의 'ḥ' 대신에 복수 주격 변화인 장모음 'āḥ'와 비음 'n'의 삼디 현상의 결과인, 즉 'āḥ+n ⇒ ā'로 나와 있어, '고집멸도들'이나 '고(제), 집(제), 멸(제), 도(제) 등(의 사성제)도 없다.'라고 옮겨야 정상이나, 한역이나 티벳역은 모두 단수로 취급하고 있다.

『반야심경』에서는 한 줄로 고집멸도苦集滅道의 사성제를 간단하게 부정하고 있으나 『중론』에서는 총 40개의 게송으로 된 「제24품 (사)성제에 대한 고찰」을 통해서 이 문제를 가장 중요하게 다루고 있다.

자성의 문제를 중심으로 중론의 논파법을 크게 나눠보면,

1) 개별적인 개념자의 경우, 상호 의존성이 존재하지 않는 독립적인 것은 존재하지 않는다는 점을 들어 논파하고, 2) 상호 의존적인 개념의 경우, 어떤 명확한 정의로 이루어져 있지 않으면 문제가 된다는 점을 들어 논파하고, 그리고 3) 연속적인 개념의 경우, 첫 번째 개념의 독립적인 성격과 이어지는 개념의 관계성을 지적하는 것으로 이루어져 있다. 이와 같은 분류에 따르면, 앞선 오온·십팔계의 논파나 십이연기의 논파는 모두 이 3) 연속적인 개념에 해당한다. 용수보살은 「제24품 (사)성제에 대한 고찰」에서 사성제의 논파뿐만 아니라 공성에 대해서 상세하게 언급하고 있다.

【답】

[351 (24-7)]

그것[공성]에 대해서 (그렇게) 말하는 바로 그대는
공성空性의 목적과 공성空性과
바로 (그) 공성空性의 의미를 알지 못하기 때문에,
(바로) 그 때문에 그와 같이 (공성을) 훼손하는 것이다.

이 앞에서 공성을 허무나 없음으로 파악한 논박자는 용수보살을 맹렬히 부정하였다.[59] 이에 대한 답이 바로 1) 공성의 목적과 2) 공성과 그리고 3) 공성의 의미를 설명한 이 게송이다. 이에 대해서 월칭은 『쁘라산나빠다』[60]에서 다음과 같이 정리하고 있다.

공성의 목적: 희론의 적멸
공성의 뜻: 진리의 모습
공성의 의미: 연기

이와 같은 공성의 의미가 곧 연기임을 설명한 것이 바로 이 품이다.

[362 (24-18)]
연기緣起인 그것
바로 그것을 공성空性이라고 말한다.
바로 그것에 의지하여[緣] 시설施設된 것[假名]
그 자체가 바로 중도中道이다.

59. 【문】
[345 (24-1)]
만약 이 모든 것들이 공(空)하면
발생하는 것[生](도) 없고 사라지는 것[滅](도) 없다.
(그러므로) 사성제들 (또한)
그대에게 존재하지 않는 과실(過失)이 (발생하게) 된다.

60. 월칭, 『쁘라산나빠다』, 김정근(역), 1095~1097쪽 참조.

[363 (24-19)]

왜냐하면 의지하여[緣] 발생하지[起] 않는

어떤 법도 존재하지 않기 때문이다.

그러므로 공空하지 않는

어떤 법도 존재하지 않는다.

중관학자들이 이구동성으로 『중론』에서 가장 중요한 게송이라고 꼽는 [362 (24-18)]번 게송의 2~4행을 축약한 게 '공가중空假中'이다. 그렇지만 1행의 '연기인 그것'을 빠뜨리고 있어, 공이란 특별한 그 무엇이 아닌 그저 연기의 다른 이름일 뿐이라는 것을 놓치게 한다.

이와 같은 주장은 이제론을 전면에 내걸고 있기에 가능한 주장이다.

[353 (24-9)]

어떤 이들이 그 두 (가지) 진리의

구별에 대해서 이해하지 못한다(면)

그들은 바로 그 부처님께서 가르쳐주신 것[佛法](의)

심오한 (진리) 그 자체를 이해하지 못한다.

[354 (24-10)]

바로 그 (세간의) 언어에 의지하지 않고서는
진제眞諦는 가르쳐질 수 없다.
바로 그 진제眞諦를 알지 못하고서는
열반은 얻어지지 않는다.

[355 (24-11)]

공성에 대해서 그릇된 견해[邪見]를 (갖는다)면
조그만 지혜들마저도 파괴된다.
마치 뱀을 잘못 잡은 것이거나
그릇된 주술呪術을 성취하는 것과 같이.

[356 (24-12)]

그러므로 (근기가) 약한 이(들)이 이 (수승한) 법의
(심오함을) 철저히 깨닫기 어렵다는 것을 아셨던
능인能仁의 바로 그 마음 (때문에) 교법敎法으로부터
(공성에 대한 가르침이) 매우 후퇴하게 되었던 것이다.

높고 낮은 진리가 아니라 '진리, 그 자체가 두 가지'라는 이 발상의 전환을 전면에 내건 용수 보살은 부처님의 원음 가운데 이와 같은 주장이 적극적으로 실려 있지 않은 이유를

[356 (24-12)]번 게송에서 설명하고 있다. 이처럼 부처님의 말씀을 '혁명적'으로 해석한 덕에 용수 보살은 '대승불교의 아버지'라고 불렸다고 해도 과언이 아니다.

『중론』의 논파법으로 『반야심경』을 해석하는 데는 여기까지다. 이어지는 내용은 『중론』의 논파법과 유사성만 확인할 수 있을 뿐, 『중론』이 다루는 주제를 넘어선다.

na jñānaṃ na prāptirnāprāptiḥ|

(그것을) 안다는 것도 없고, (그것을) 얻는다는 것도 없고, 얻지 않는다는 것도 없다.

7종의 한역에서는 두 번의 부정으로 된 이 문장을 두 문장으로 끊거나 세 문장으로 끊어 읽는다.[61] 현장을 비롯해 다른

61. 원창 스님은 세 문장으로 통일적으로 끊어 옮기고 있으나, 한역은 두 문장이나 세 문장으로 나뉘어 있다.

什】 "無智亦無得 以無所得故…"
"지혜도 없고 또 얻을 것도 없나니 얻은 것이 없으므로…"
奘】 "無智亦無得 以無所得故…"
"지혜도 없고 또 얻을 것도 없나니 얻은 것이 없으므로…"
月】 "無智亦無得 以無所得故…"
"지혜도 없고 또 얻을 것도 없나니 얻은 것이 없으므로…"

역경사들이 '무지역무득 이무소득고無智亦無得 以無所得故' 등 두 문장으로 끊어 읽는데, 시호만 유일하게 '무지 무소득 역무무득無智 無所得 亦無無得'으로 세 문장으로 끊어 읽고 있다. 현장 등이 원문의 두 개의 서술형 부정으로 끊어 읽으며 글자의 개수에 유념하였다면, 시호는 의미에 충실했다고 볼 수 있다.

티벳역도 시호처럼 세 문장으로 끊어 읽고 있는데, '예셰 메, 톱빠 메, 마톱빠 양 메도/ ye shes med / thob pa med / ma thob pa yang med do /'라고 강조사 '양yang'을 써서 이 부분을 나눠서 읽고 있다.

원문을 해자해 보면, '나 즈냐남na jñānaṃ', 즉 '아는 게 없다'라는 뜻은 앞에서 언급한 오온·십팔계·십이연기·사성제 등을 알고 그것을 부정하는 것마저도 없다는 뜻이다. 그리고 여기서 그치는 것이 아니라, '나 쁘라쁘띠흐 나 아쁘라쁘띠흐 na prāptiḥ+na+aprāptiḥ'를 삼디 현상에 따라 적은 '나 쁘라쁘띠르나 쁘라쁘띠흐na prāptirnāprāptiḥ'라고, 즉 '이런 아는 것을 통해서

● ●

若】 "無智亦無得 以無所得故…"
"지혜도 없고 또 얻을 것도 없나니 얻은 것이 없으므로…"
輪】 "無智證無得 以無所得故…"
"지혜도 없고 얻을 것도 없나니 얻은 것이 없으므로…"
成】 "無智無得 亦無不得."
"지혜도 없고 얻을 것도 없으며 또 얻지 못할 것도 없느니라."
護】 "無智 無所得 亦無無得."
"지혜도 없고 얻을 것도 없으며 또 얻지 못할 것도 없느니라."

얻는 것과 얻지 않는 것마저도 없다.'라고 한 걸음 더 나가고 있다.

'무엇을 얻는가?'

『중론』, 「제25품 열반에 대한 고찰」에서는 열반이라는 것도 결국 개념일 뿐이라며 '윤회와 열반'에는 그 어떤 차이도 없다고 강조한다.[62] 이와 달리 『반야심경』의 이어지는 내용은 이런 과정을 통해서 '열반에 이른다.'라고 강조하고 있다. 이 둘의 차이는 철저함의 문제일 뿐만 아니라, 반야부의 주장이 설법의 형식을 갖추고 '피안'을 강조하다 보니 생긴 문제로 보인다.

반야부의 경이나 중관파의 논이나 부처님의 가르침을 적은 경론은 살아내는 삶, 그 삶의 직접성을 위한 것임을 강조하는 데 일치하지만, 이어지는 내용은 경의 영역이라 논으로 다룰 수 있는 부분이 아니다.

7종 한역 가운데 현장역을 중심으로 비교하며 원문의 정확

62. [403 (25-19)]
윤회는 열반과 비교하여
조그만 차이도 존재하지 않는다.
열반은 윤회와 비교하여
조그만 차이도 존재하지 않는다.

한 의미가 무엇인지, 문법 해제를 통해서 따라가 보자.

7. 가르침의 결론

tasmācchāriputra aprāptitvena bodhisattvānāṃ prajñāpāramitāmāśritya viharati cittāvaraṇaḥ| cittāvaraṇanāstitvādatrasto viparyāsātikrānto niṣṭhanirvāṇaḥ| tryadhvavyavasth- itāḥ sarvabuddhāḥ prajñāpāramitāmāśritya anuttarāṃ samyaksaṃbodhimabhisaṃbuddhāḥ| tasmād jñātavyaḥ prajñāpāramitāmahāmantraḥ anuttaramantraḥ asamasamamantraḥ sarvaduḥkhapraśamanamantraḥ satyamamithyatvāt prajñāpāramitāyāmukto mantraḥ| tadyathā gate gate pāragate pārasaṃgate bodhi svāhā| evaṃ śāriputra gambhīrāyāṃ prajñāpāramitāyāṃ caryāyāṃ śikṣitavyaṃ bodhisattvena||

샤리뿌뜨라여! 그러므로 더 얻을 수 없는 (이것)으로 보살들은 반야바라밀다 경지에 이른다. 고뇌를 갖지 않는 마음으로부터 (보살들은) 소멸하지 않는 열반지정, 되돌아오지 않는 경지에 이른다. 삼세에 머무시는 모든 깨달은 이들은 바로 이 반야바라밀다 수행을 통해서 위없는 깨달음[무상정등각]을 얻은 것이다. 그러므로 반야바라밀다 만뜨라, 커다란 지혜가 담긴 만뜨라, 더 할 수 없이 높은 만뜨라, 비교할 수도 없고 비교할 것도 없는 만뜨라, 모든 고통을 치료하는 만뜨라, 헤아릴 수 없는 진리인 반야바라밀다 만뜨라를 다음과 같이 읊나니, "가떼, 가떼, 빠라가떼, 빠라삼가떼, 보디 스와하" 샤리뿌뜨라여! 이와 같이 깨달음을 추구하는 자[보살]들이 배운 것이 바로 이 심오한 반야바라밀다 수행이다."

원창 스님은 이 부분을 '12. 보살, 13. 제불, 14. 공덕, 15. 주' 등으로 세분해 놓고 있다. 앞서 언급한 것처럼, 설법자인 관자재보살이 직접 등장하는 마지막 부분이라 꾸마라지바, 현장, 그리고 법월 등이 여기까지만 옮긴 것도 이해할 만하다. 특히, 꾸마라지바의 독송본讀誦本을 염두에 두었을 경우, 원문을 충실히 옮기려던 현장이 이후의 부분을 생략한 것도 충분히 이해할 수 있다.

'가르침의 결론'이라고 크게 구분한 이 부분은 1) 반야사상의 강조, 2) 힌두교의 불교 내 유입, 그리고 3) 만뜨라를 수행의 한 부분으로 간주하는 시대적인 특징으로 좀 더 나눠 볼 수도 있다.

첫 번째인 '1) 반야사상의 강조'는 바로 앞에서 언급했듯 바로 이와 같은 길로 열반에 이른다는 내용이다. 물론 이것은 반야부의 입장에서 강조하는 내용이다. 각각의 문장을 나눠 옮겨보면 다음과 같다.

tasmācchāriputra aprāptitvena bodhisattvānāṃ prajñāpāramitāmāśritya viharati cittāvaraṇaḥ|

샤리뿌뜨라여! 그러므로 더 얻을 수 없는 (이것)으로 보살들은 반야바라밀다 경지에 이른다.

여기에 등장하는 '반야바라밀다 경지'란 완벽한 지혜의 성취를 뜻한다. 한역에서는 이 부분을 주로 '마음에 걸리고 막힘이 없느니라.'라는 뜻의 '심무괘애 무괘애고心無罣礙 無罣礙故'로 옮기고 있다. 한역 독송에 익숙한 이들에게는 '무무가애 무가애고'로 읽는데, '거리낌, 걸림' 등을 뜻하는 '괘罣'음이 발음하기 어려운 복모음이다 보니 '가'음으로 대체된 것으로 보인다.

산스끄리뜨어 원문의 재미난 부분은 7종 한역에서 주격으로 보고 있는 '보디삿뜨바bodhisattvā'를 복수, 소유격으로 옮기고 있다는 점이다. 원문을 해자해 보면 다음과 같다.

* tasmācchāriputra: tasmāc: 그러므로, Ind., tasmāt+chāriputra: 샤라뿌뜨라(śāriputra)=~t+ś~=tasmācchāriputra(m. sg. Voc.): 그러므로 샤리뿌뜨라여!

* aprāptitvena: a(부정사, not)+prāpti: 얻음, 획득(f. sg.)+ ~tva(a, adj case ending)+ena(ins.)=aprāptitvena(m. sg. ins.), 더 얻을 것이 없는 것을 통해서

* bodhisattvānāṃ: bodhisattva+anāṃ(a. pl. gen.), 보살들의, 깨달음을 추구자하는 자들의

* prajñāpāramitāmāśritya: prajñāpāramitāṃ(a. sg. acc.), 반야바라밀다를+āśritya(ind.): having recourse to, employing, practising, 행하는 것, 수행하는 것=prajñāpāramitāmāśritya(a. sg. acc.): 반야바라밀다 수행을

* viharati: √vihṛ, move on, walk, to take away, remove, destroy, to go in various directions, to walk or roam about or ramble(verb, sg.): 들어서다, 제거하다, 간다

* cittāvaraṇaḥ: citta(adj. sg.)+āvaraṇa(n. covering, concealing, hiding; shutting)=cittāvaraṇaḥ(a, m(?). sg. nom.): (장애로) 덮인 마음

'그러므로 샤리뿌뜨라여!'로 시작하여 이어지는 문장의

주어는 '장애로 덮인 마음'을 뜻하는 '찌따바라나흐cittāvaraṇaḥ' 이고 이것을 받는 동사는 '들어서다, 제거하다, 가다'는 뜻을 지닌 '바하라띠viharati'이다. 그리고 이 사이에 들어있는 것이 방법, 즉 도구격인 그 방법이다. 이와 같은 문장 구조 속에서 격이 맞지 않은 것이 남성, 단수, 주격인 '찌따바라나흐cittāvaraṇaḥ'이지만 중성 주격인 '암aṃ'으로 끝나지 않은 것 정도는 반야부 경론에서 크게 따질 문제도 아니다. 이렇게 문장을 해자해 보면, 기존의 해석과 차이를 보일 수 있는 부분은 '보살들의, 깨달음을 추구하는 자들의' 등 이미 깨달음을 이룬 보살로 보아야 할지, 아니면 이 길을 추구하는 자들의 자세로 봐야 할지라는 선택이다.

보살을 '깨달음을 추구하는 자'라고 보고 풀어보면 다음과 같다.

그러므로 샤리뿌뜨라여! 장애로 덮인 마음은, (즉 지금은 더럽혀져 있으나) 깨달음을 추구하는 자들의 (괴로움은) 더 얻을 것이 없는 반야바라밀다 수행을 통해서 제거할 수 있다.

한역 7종과 티벳역이 공통적으로 언급하고 있는 보살을 주격으로 보는 경우는 원문이 다른 경우로 보면 간단하게 해결할 수 있다. 즉, 원문의 '보디삿뜨바남bodhisattvānāṃ'이라는 '형용사형, 복수, 소유격[a. pl. gen.]'의 격변화가 아닌 '형용사형, 단수, 주격[a. sg. nom.]'으로 격변화한 '보디삿뜨밤bodhisattvaṃ'이면 이 문제는 바로 해결된다. 즉, 보살은 남녀의 성별을 떠난 존재이기에 중성으로 받고, 이것을 단수, 주격으로 바꾸면 된다. 그렇지만 이때는 '찌따바라나흐cittāvaraṇaḥ'를 어떻게 처리할지가 문제다.

이상과 같이 해석할 수 있는 건 게송이 가진 묘미다. 단어의 격변화까지 일일이 따져 복수형으로 쓴 티벳역의 경우, 원문이 단수인 '보디삿뜨밤bodhisattvaṃ'으로 되어 있어야 마땅한데도 그저 복수, 주격으로 보고 있다.[63] 티벳역에 따라 원문과 달리 해석하며 강조하고 싶은 부분은 이 경의 제목인 '쁘라즈냐빠리마따prajñāpāramitā'에 대한 정확한 이해다. '반야바라밀다'라는 음차에 익숙해 있어 지나칠 때가 많지만 이것을 자세히 해자해 보면 다음과 같다.

* pra: forth, excessively, very, 매우, 빼어난.

* jñā: to know, have knowledge, to perceive, apprehend, under-

63. 티벳역의 경우도 복수형인 '남(mams)'을 쓰고 있을 뿐이라 격변화가 없는 주격으로 보면 된다. 그렇지만 원문은 복수, 소유격이 명확하다. 다양한 해석이 가능한 산스끄리뜨어 원문과 달리 티벳역은 주체를 '깨달음을 추구하는 자들'로, 그리고 그들이 이른 경지가 바로 '완벽한 지혜'임을 보여준다.

stand, experience, to recognize; to ascertain, investigate, 안다, 지각하다, 이해하다, 깨닫는다.

* pāra: the further shore, opposite bank of a river, 저편으로, 반대쪽으로.

* itā: gone, returned, obtained, membered, 감, 건너감, 돌아감, 얻음.

'쁘라즈냐'는 이미 이전에 알고 있던 것에서 한 걸음 더 나간 앎을 뜻한다. 불교의 특징 가운데 빼놓을 수 없는 것은 1) 무명無明, 즉 '아비드야avidyā', '알지 못함'에서 출발하는 십이연기, 2) 오온에서 식識을 뜻하는 '비즈냐나vijñāna', 3) 불교 논리학인 인명因明을 뜻하는 '헤뚜 비드야hetu-vidyā' 등에서 보이듯, 앎과 그렇지 않음을 항상 강조하고 있다는 점이다. 이 가운데 '쁘라즈냐'의 접두어 '쁘라pra-'는 'excessively'나 'very'라는 뜻이 있으니, 기존의 앎에서 한 걸음 더 나간 것을 강조하고 있는 셈이다. 그러나 어떤 뜻인지도 모른 채 '반야'라고 음차로만 알고 있으면 '좀 더 수승한 지혜'라는 그 뜻을 놓치기 쉽다.

마지막 음의 장음과 단음의 차이가 있는 '빠라미따pāramitā' 또는 '빠라미따pāramita'는 보통 하나의 단어로 간주한다. '빠라미따pāramitā'는 'perfection'을, '빠라미따pāramita'는 'gone to the opposite shore, crossed' 등을 뜻한다.

'빠라pāra-'라는 접두어가 가진 공간적인 의미인 '저쪽'은 불교 이전에도 존재한 개념이다. 그렇지만 그곳으로 '건너감', 즉 '이따itā'와 결합하는 순간, 이것은 대승 반야부의 전유물이 된다. '쁘라즈냐빠라미따', 즉 '피안으로 건너가기 위한 수승한 지혜'는 이렇게 탄생하였다. 그렇지만 이것을 영어로 'the Perfection of Wisdom'이나 'Transcendental Knowledge'라고 부를 때는 공간적인 이미지 '건넘'의 의미를 놓친다.[64]

이렇게 공간적인 의미를 강조할 수 있는 것은 이미 이 세간, 즉 차안此岸의 법에 대한 해석, 즉 아비달마 불교가 성숙했음을 뜻한다. 이것만으로는 삼계 육도에서 벗어날 수 없음을 강조하기 위해서 '좀 더 수승한 지혜'인 '쁘라즈냐'가 필요해진 셈이다. 그렇지만 이 '수승한 지혜'는 구사론자들이 해둔 이 세간에 대한 해석을 부정하는 것일 뿐, 특별히 다른 어떤 것이 아니다. 즉, 깨닫고자 하는 마음을 낸 자는 구사론자들이 해석한 '나와 세계'를 충분히 해석하는 분별지

64. 이런 이미지의 중첩, 섞어 쓰는 것 때문에 '반야바라밀다'를 '완벽한 지혜', 즉 'Perfection of Wisdom'이라 영역하였고, 만뜨라의 경우에는, '가는 것'을 뜻하는 '이따'를 붙여 '건너가는 것'이라는 시공간적인 개념을 같이 쓸 수 있게 된 것이다.

를 뜻하는 '비즈냐나vijñāna'에서 통찰지를 뜻하는 '쁘라즈냐prajñā'까지 나가야 함을 강조하고 있는 셈이다.

이어지는 내용에서는 이럴 때만이 열반에 이른다고 강조하고 있다.

cittāvaraṇanāstitvādatrasto viparyāsātikrānto niṣṭhanirvāṇaḥ|

고뇌를 갖지 않는 마음으로부터 (보살들은) 소멸하지 않는 열반지정, 되돌아오지 않는 경지에 이른다.

원문의 각각의 단어들에 맞게끔 현장은 이 부분을 세 개로 구분하여 '무유공포 원리전도몽상 구경열반無有恐怖 遠離顚倒夢想 究竟涅槃'으로 옮겼다. 앞에서 나온 '찟따바라나cittāvaraṇa'를 받으며 시작하는 이 대목을 해자해 보면 다음과 같다.

* cittāvaraṇan: cittāvaraṇa(a, m(?). sg. acc.), (장애로) 덮인 마음을

* āstitvād: a(not)+astitva(a.sg.)=āstitvāt(a. sg. abl.), 존재하지 않는 것으로부터

* atrasto: a(not) atrastaḥ(a. sg. nom.) trembling, 흔들리지 않는

것이

존재하지 않는 것인 (장애로) 덮인 마음으로부터 흔들리지 않는 것이

* viparyāsa: viparyāsa(m. sg.) reverse, contrariety, opposition, error, mistake, 전도, 그릇됨

* ātikrānto: atikrānta(m. sg. nom.) having passed or transgressed, exceeded, surpassed, overcome, 극복하는 것, 넘어서는 것, 초월하는 것

그릇됨을 극복하는 것이

* niṣṭhanirvāṇaḥ: ni-ṣṭha, staying or being in or on, situated on, grounded on, depending on, 머물다, 의지하다+nirvāṇaḥ (nirvāṇa, a. sg. nom.)=niṣṭhanirvāṇaḥa(sg. nom.): 열반에 머무는 것

모두 합쳐보면 다음과 같다.

존재하지 않는 것인 (장애로) 덮인 마음으로부터 흔들리지 않는 것이, (즉) 그릇됨을 넘어서는 것이 열반에 머무는 것[구

경열반](이다.)

이렇게도 풀어쓸 수 있는 것은 각각의 단어들이 주격으로 동급을 이루고 있기 때문이다. 이렇게 풀어쓸 경우, 앞에서부터 이어져 내용은 특별한 것이 아니다. 특히 바로 앞의 문장과 같이 읽으면, '열반·해탈' 등이 무언가 특별한 것이라는 생각을 완전히 놓을 수 있다. 같이 읽어보자.

그러므로 샤리뿌뜨라여! 장애로 덮인 마음은, (즉 지금은 더럽혀져 있으나) 깨달음을 추구하는 자들의 (괴로움은) 더 얻을 것이 없는 반야바라밀다 수행을 통해서 (그 장애를) 제거할 수 있다. 존재하지 않는 것인 (장애로) 덮인 마음으로부터 흔들리지 않는 것이, (즉) 그릇됨을 넘어서는 것이 열반에 머무는 것[구경열반](이다.)

지혜로운 삶은 괴로움에 빠지지 않는 것이고, 마음의 평온을 얻는 유일무이한 것인지라 '깨달음을 이루고자 하는 자'는 이것에 의지해야 한다는 뜻이다. 여기까지 '보디삿뜨바bodhi-sattvā'를 '깨달음을 추구하고자 하는 자'에 강조하는 쪽에서 읽었다. 그 결과가 다음에 이어지는 내용이다.

tryadhvavyavasthitāḥ sarvabuddhāḥ prajñāpāramitāmāśritya anuttarāṃ samyaksaṃbodhimabhisaṃbuddhāḥ|

삼세三世에 머무시는 모든 부처님은 바로 이 반야바라밀다 수행을 통해서 위없는 깨달음[무상정등각]을 얻은 것이다.

여기까지가 관자재보살이 샤리뿌뜨라에게 가르친 내용의 결론이다.

현장역의 '삼세제불 의반야바라밀다고 득아뇩다라삼막삼보리三世諸佛 依般若波羅蜜多故 得阿耨多羅三藐三菩提'에 해당하는 이 부분은 문장 전체가 주격과 목적격으로 이루어져 있다. 한역의 경우, 법성이 '아뇩다라삼막삼보리阿耨多羅三藐三菩提'를 '무상정등보리無上正等菩提'라고 풀어쓴 것만 빼고 큰 차이가 없다. 대략 해자해 보면 다음과 같다.

* tryadhvavyavasthitāḥ: tri(a, m. sg.), 3+adhvavi(?): 시간, 세世 +avasthitāḥ(a, m(?). sg. Nom.), 머무는 것=tryadhvavyavasthitāḥ (a, m(?). sg. Nom.): (과거세, 현재세, 미래세라는) 삼세에 머무는 것

* sarvabuddhāḥ: sarva(a, m. sg), 모든, 일체+buddhāḥ(m. sg.

nom.), 부처님=sarvabuddhāḥ(m. sg. nom.): 모든 부처님

* prajñāpāramitāmāśritya: prajñāpāramitāṃ(a. sg. acc.), 반야바라밀다를+āśritya(ind.): having recourse to, employing, practising, 행하는 것, 수행하는 것=prajñāpāramitāmāśritya(a. sg. acc.): 반야바라밀다 수행을

* anuttarāṃ(a. sg. acc.): 무상無上, 위없는

* samyaksaṃbodhim(a. sg. acc.): 정등각正等覺

* abhisaṃbuddhāḥ: abhi, to, towards, ~을, 을 향해서+saṃ, ~와 함께, together with+buddhāḥ(m. sg. nom.), having attained the bodhi=abhisaṃbuddhāḥ(m. sg. nom.): 깨달음을 얻은 것, 정등각正等覺을 얻는 것

이상에서 보듯 무상정등각을 얻는 것, 즉 깨달음을 얻는 것을 강조하기 위해서 '삼약삼보디samyaksaṃbodhi'와 '삼부다saṃbuddha' 등, '깨달음'을 뜻하는 '보디'와 '깨달은 자'를 뜻하는 '붓다'가 같이 있음을 알 수 있다. 이런 반복을 통한 강조와 함께 눈여겨볼 부분은 과거와 현재, 즉 이미 이루어진 것이 아니라 앞으로 올 일이다. 만약 미래에 올 부처님이 의지할 것이 바로 이 반야바라밀다라면 누구나 붓다가 될 수 있다는 희망을 담고 있는 셈이다.

두 번째 부분은 만뜨라의 등장이다.

tasmād jñātavyaḥ prajñāpāramitāmahāmantraḥ anuttaramantraḥ asamasamamantraḥ sarvaduḥkhapraśamanamantraḥ satyamamithyatvāt prajñāpāramitāyāmukto mantraḥ| tadyathāgate gate pāragate pārasaṃgate bodhi svāhā|

그러므로 반야바라밀다 만뜨라, 커다란 지혜가 담긴 만뜨라, 더 할 수 없이 높은 만뜨라, 비교할 수도 없고 비교할 것도 없는 만뜨라, 모든 고통을 치료하는 만뜨라, 헤아릴 수 없는 진리인 반야바라밀다 만뜨라를 다음과 같이 읊나니, "가떼, 가떼, 빠라가떼, 빠라삼가떼, 보디 스와하"

지혜륜만 '주呪'를 '진언眞言'으로 옮긴 이 대목은 현장역의 '시대신주 시대명주 시무상주 시무등등주是大神咒 是大明咒 是無上咒 是無等等咒'에 해당한다. '이렇게 읊조려야 한다!'라고 강조하는 것은 읊조리는 자의 자기 의지의 고양을 위한 것이다.

주나 진언은 모두 만뜨라mantra를 뜻한다. '만뜨라'의 어근 '만√man'은 기본적으로 '생각하다, 상상하다, 심사숙고하다'라는 뜻이다. 그렇지만 이것은 제례 의식의 하나가 되어 어떤 깊은 생각을 읊조리는 것으로 정형화된다.

이 '생각을 말하는 것'은 인도의 전통문화인 제례 의식과 관련이 깊다. 인도인들은 자기 문화의 정통성을 강조할 때 '베다에 기원을 둔 것'이라는 표현을 쓴다. 만뜨라도 마찬가지다. '성스런 진리의 말씀'이라는 『리그 베다Rg veda』를 읊조리는 것만으로도 공능功能, 즉 신비한 힘이 생긴다고 보았기 때문에 발달한 것이 바로 이 '독송 문화'로, 이것은 원시적인 동물 희생제가 사라진 오늘날에도 여전히 인도 문화에 깊이 스며있다.

유행流行 상가의 시대가 끝난 이후, 즉 전법을 위해 중인도 일대를 돌아다녔던 부처님 재세시 이후, 정주定住 상가의 시대에 접어들면서 불교와 힌두교는 본격적인 경쟁의 시대에 돌입하여 '이론 투쟁'을 전개하였다. 이때 '나와 세계'를 이루는 세계의 시원성과 물질성에 대한 논쟁이 이루어졌을 뿐만 아니라, 힌두 제례 의식의 양식이 불교로 자연스럽게 스며들게 되었다. 이 '주고받는' 상호 경쟁의 시대에 만뜨라를 읊조리는 힌두 제례 의식을 받아들인 것이 바로 '만뜨라'라는 '인도적 풍습'이다.

이와 같은 만뜨라의 특징을 알고 있던 현장을 비롯한 7종 한역에서는 모두 음차로 썼을 뿐, 특별히 그 뜻에 대해서 옮기지 않았다. 한 가지 이채로운 점은 비교적 후기에 옮긴 지혜륜과 시호가 '옴oṃ'의 음가인 '암唵'를 쓰고 있다는 것이다. 이것은 '옴~ 스와하oṃ~ svāhā'라는 만뜨라의 전형구를 포함한 『반야심경』의 또 다른 판본이 존재했음을 뜻한다. 이렇게 현장 이후의 판본에 '옴~ 스와하'가 등장하는 것은 세월이 지나면서 만뜨라도 좀 더 정형화되었음을 뜻한다.

티벳역의 경우도 현장의 오종불번 가운데인 첫 번째인 비밀고秘密故, 즉 '다라니의 말과 같이 미묘하고 깊어서 생각할 수 없는 비밀어'를 번역하지 않는다는 것처럼 음역만 했다는 대목도 짚어 넘어갈 부분이다. 한역이나 티벳역이나 모두 그 뜻만 잇는다는 공통분모가 발견되기 때문이다.

처음에는 이 '가떼, 가떼, 빠라가떼, 빠라삼가떼, 보디 스와하'를 '오 건너간 이여, 건너간 이여, 피안으로 건너간 이여, 피안으로 완전히 건너간 이여! (나 그대를) 경배하노라.'라고 주체를 '깨달음을 얻으려는 자'인 보살로 보고, 그의 경계를 찬양하는 것으로 보았다. 그리고 다시 '(괴로움에서 벗어나 피안으로) 건너가는 것이여, 건너가는 것이여, 피안으로 건너가는 것이여, 피안으로 완전히 건너가는 것이여, (나는 이것을) 경배하노라.'라고 그 뜻에 따라 옮겨보기도 했다.

몇 번에 걸쳐 이런저런 시도를 해보았으나 뜻을 따져보는 것보다 '그 마음'을 수지受持하는 것이 중요해 산스끄리뜨어 음가를 우리말로 그대로 옮겼다. "아제, 아제"나 "가떼 가떼~", "코카콜라 코카콜라~"나 "펩시콜라 펩시콜라~" 등, 그

소리가 무엇이든, 마음을 모으는 자세가 만뜨라의 원래 뜻에 부합하기 때문이다.

달라이 라마의 『반야심경』 법문에서는 '1) 가떼, 2) 가떼, 3) 빠라가떼, 4) 빠라삼가떼, 5) 보디 스와하'로 나뉘는 다섯 대목을 1) 자량도資糧道, 2) 가행도加行道, 3) 견도見道, 4) 수도修道, 5) 무학도無學道라는 수행 5도道에 따라 배치하여 언급하는데, 이것은 쫑카빠의 『현관장엄론』의 주석 작업의 경향성이다. 이런 '지나친' 주석 작업이 티벳 불교를 대할 때마다 느끼는 불편이지만, 한번 굳어진 전통은 쉽게 바뀌지 않는 법이라 그 차이만 명심할 뿐이다.

세 번째는 가르침의 결론에 해당하는 부분으로, 바로 이와 같은 수행을 통해서 보살의 경지에 오를 수 있다는 부분이다.

evaṃ śāriputra gambhīrāyāṃ prajñāpāramitāyāṃ caryāyāṃ śikṣitavyaṃ bodhisattvena||

샤리뿌뜨라여! 이와 같이 깨달음을 추구하는 자[보살]들이 배운 것이 바로 이 심오한 반야바라밀다 수행이다.

현장역은 이후의 것이 생략되었으나, 반야와 이언, 지혜륜,

법성, 그리고 시호 등은 모두 한역해 두고 있다. 원창 스님이 '16. 회향'으로 정리한 이 부분도 역경사에 따라 약간의 차이를 보인다.[65]

원문과 차이가 나기는 마찬가지지만 훨씬 이해하기 쉬운 티벳역을 옮겨보면 다음과 같다.[66]

샤리뿌뜨라여, 위대한 보살은 이와 같이 반야바라밀다를 배웠다.

주격과 도구격을 같이 쓰는 티벳어의 특성상 이 문장은

65. 若】 "如是舍利弗 諸菩薩摩訶薩 於甚深般若波羅蜜多行 應如是行."
"이와 같이 사리불아 모든 보살 마하살은 깊고 깊은 반야바라밀다의 행을 마땅히 이와 같이 행하라."
輪】 "如是舍利子 諸菩薩摩訶薩 於甚深般若波羅蜜多行 應如是學."
"이와 같이 사리불아 모든 보살 마하살이 깊고 깊은 반야바라밀다의 행을 이와 같이 배워야 하느니라."
成】 "舍利子 菩薩摩訶薩 應如是修學甚深般若波羅蜜多."
"사리자여, 보살 마하살은 마땅히 이와 같이 깊고 깊은 반야바라밀다를 닦아 배우라."
護】 "舍利子 諸菩薩摩訶薩 若能誦是般若波羅蜜多明句 是卽修學甚深般若波羅蜜多."
"사리자여, 모든 보살 마하살이 만약 능히 이 반야바라밀다의 밝은 구절을 외우면 이는 깊고 깊은 반야바라밀다를 닦아 배우는 것이니라."
66. // sha ri'i bu byang chub sems dpa'i sems pa' chen pos de ltar shes rab kyi pha rol tu phyin pa zab mo la bslab par bya'o //

보살을 주격으로 봐도 무방하다. 이것은 원문의 '배운 것'을 뜻하는 '쉬끄시따브야śikṣitavya'를 '쉬끄사śikṣā'와 동의어로 보고 옮긴 것이다. 원문의 경우, '배움, 공부, 훈련' 등을 뜻하는 '쉬끄사'와 달리, '쉬끄사따브야'가 쓰여 있는데 이것은 수동의 의미로, '배워진 것, 훈련된 것' 등을 뜻한다. 그러므로 이 문장은 '보살들에 의해 배워졌던 것이 바로 이런 반야바라밀다'라는 뜻이다. 이것에 따라 직역하면 다음과 같다.

샤리뿌뜨라여! 이와 같이 깨달음을 추구하는 자[보살]들이 배운 것이 바로 이 심오한 반야바라밀다 수행이다.

이 '보살에 의해 배워진 것'을 '보살이 배운 것'으로 바꾸면 티벳역은 원문과 같아진다.

7종 한역을 두루 살핀 원창 스님은 이 부분을 '회향'으로 나눴으나 이것은 도입부의 질문에 대한 답이다. 이것만 간추리면 다음과 같다.

샤리뿌뜨라: "어떤 선남자 선여자가 심오한 반야바라밀다를 수행하려고 (한다면) 어떻게 배울 수 있겠습니까?"

관자재보살: "샤리뿌뜨라여! 어떤 선남자 선여자가 반야

바라밀다를 수행하려고 한다면 이와 같이 (자세히) 관찰해야 한다. 즉, 바로 오온, 이것이 (모두) 공임을 두루 함께 살펴보아야 한다. (…) 그리고 일상에서 만뜨라 등의 수행을 해야 한다. 샤리뿌뜨라여! 이와 같이 깨달음을 추구하는 자[보살]들이 배운 것이 바로 이 심오한 반야바라밀다 수행이다."

'심오한 지혜'는 어떤 특별한 것이 아니라 오온·십팔계·사성제·십이연기에 대한 부정, 그리고 신심을 갖춘 만뜨라 수행 등이다. 이어지는 내용은 두 번째 액자에서 나와 부처님께서 직접 설하시는 것으로 되어 있다.

8. 인가와 9. 찬탄

atha khalu bhagavān tasmātsamādhervyutthāya āryāvalokiteśvarasya bodhisattvasya sādhukāramadāt– sādhu sādhu kulaputra| evametat kulaputra, evametad gambhīrāyāṃ prajñāpāramitāyāṃ caryaṃ cartavyaṃ yathā tvayā nirdiṣṭam| anumodyate tathāgatairarhadbhiḥ||

idamavocadbhagavān| ānandamanā āyuṣmān śāriputraḥ

āryāvalokiteśvaraśca bodhisattvaḥ sā ca sarvāvatī pariṣat sadevamānuṣāsuragandharvaśca loko bhagavato bhāṣitamabhyanandan||

그때 삼매로부터 깨어난 세존은 위대한 보살 관자재보살의 (이와 같은 설명을 듣고) '좋구나'라는 칭찬의 말씀을 하셨다. "좋구나 좋아! 선남자여 바로 이와 같아라, 선남자여 바로 이와 같아라. 반야바라밀다 수행은 바로 너에 의해 이와 같이 (올바르게) 설명되었구나. (너의 이와 같은 설명은) 공양받아 마땅한 여래들에게 매우 큰 기쁨을 줄 것이다."

이렇게[67] 세존께서는 말씀하셨다. (그러자) 샤리뿌뜨라 존자와 위대한 보살 관자재보살과 주위에 모여 있는 모든 신과 인간, 아수라와 간다르바 등은 이 말씀에 크게 기뻐하였다.

앞서 샨띠 데바의 『입보리행론』의 게송을 통해 보았듯,

67. 원문의 '이다마보짜드바가반(idamavocadbhagavān)'의 '이담(idam)'을 불변사로 쓰일 때의 용례인 'in this manner'에 따라 '이렇게'로 옮겼다. '이담'은 주로 문장에서 '이것'을 뜻하는 'this'나 '바로 그것'을 뜻하는 강조사로 쓰인다.

이 '8. 인가'와 '9. 찬탄 부분'은 소승경의 형태를 '따라 하기' 위한 장치다. 즉, 두 번째 액자 밖으로 나오기 위해서 '삼매로부터 깨어난 세존'이 필요하게 되었고, 관자재보살의 가르침이 정법에 어긋나지 않는다는 '인가'가 필요한 것이다. 이런 장치는 대승경에만 있는 것이 아니라 부처님 재세시에도 샤리뿌뜨라 등이 부처님을 대신해서 법문을 하고 인가를 받는 장면이 나온다는 점만 되짚어 본다.

앞서 언급한 '가떼, 가떼, 빠라가떼, 빠라삼가떼, 보디 스와하'라는 만뜨라가 『반야심경』에 등장하는 '전용' 만뜨라라면, "좋구나 좋아!"라고 옮긴 "사두 사두sādhu sādhu"는 오늘날도 널리 쓰이는 감탄사다. 그리고 이것을 포함해서 다음 문장은 부처님이 설법자가 아닌 경우 하나의 상용구처럼 쓰인다고 해도 과언이 아니다.

"사두 사두 꾸라뿌뜨라, 에바메따뜨 꾸라뿌뜨라, 에바메따뜨
~ 야타 뜨브야 니르디스땀."

sādhu sādhu kulaputra| evametat kulaputra, evametat yathā tvayā nirdiṣṭam|

"좋구나 좋아! 선남자여 바로 이와 같아라, 선남자여 바로

이와 같아라. 바로 너에 의해 이와 같이 (올바르게) 설명되었구나.”

이처럼 부처님께서 직접 설하신 소승경과 달리 대승경이 등장한 것은 빠니니Pāṇini, B. C. 4?의 고전 산스끄리뜨어 문법 완성 이후, 그리고 문자 생활의 일상화 이후에 탄생한 다양한 불전 문학을 체계에 따라 엮기 위한 작업의 결과다. 분석적 작업의 총합인 『아비달마구사론』이 구두口頭 전통에서 비롯된 것임에도 문자 생활 속에서 더욱더 체계적으로 가속화된 것은 분명하다. 『반야심경』과 같은 반야부 경전은 바로 이런 분석적인 태도에 대한 안티 테제로 등장한 것이지만, 둘 다 모두 문자 생활에 기반을 두고 있다고 봐도 무방하다.

한 가지 이채로운 것은 이런 공 사상을 담고 있는 반야부 경전을 들을 수 있는 근기를 갖춘 자를 제한하고 있다는 점이다. 원문뿐만 아니라 한역과 티벳역도 마찬가지다.

‘모든 신과 인간, 아수라와 간다르바 등’을 뜻하는 ‘사데바마누사수라간다르바sadevamānuṣāsuragandharva’가 이 대목으로, 여기에 등장하는 사부대중은 1) 데바deva, 天神, 2) 아수라asura, 非天, 3) 간다르바gandharva, 香神, 그리고 4) 마누사mānuṣa(인간 중생)이다.[68]

이 가운데 '간다르바'를 굳이 언급한 것은 '항상 부처님이 설법하는 자리에 나타나 정법을 찬탄'하는 천신을 등장시켜, 이와 같은 설법의 장엄 장식을 위해 것으로 보인다.

공 사상을 알 수 있는 근기를 지니지 못한 지옥 중생·아귀생·축생 등의 하부 중생뿐만 아니라 인간 중생에게 제대로 통용되는지는 의문이다. 왜냐하면 공성을 실재하는 것처럼 여길 경우, '부정을 통한 성립' 대신에 마치 '실재하는 어떤 상승의 것'으로 여기기 때문이다.

달라이 라마는『반야심경』법문 중에 "하근기 중생은 신심에 의지하고, 상근기 중생은 지혜에 의지한다."라고 강조한 바 있다. 물론 하근기가 없는 중근기나 상근기가 있을 수

68. 이 사부대중 가운데 천신을 향한 경쟁의식, 즉 비교하는 마음을 떨치지 못한 존재가 바로 아수라이고, '건달'의 기원으로 알려진 '건달바(乾闥婆)'의 사전적 정의는 다음과 같다.

건달바(乾達婆): 〖범〗 gandharva 또는 건달박(健達縛) · 건달바(揵達婆) · 언달바(彥達婆) · 건답화(揵沓和) · 헌달박(巘達縛). 번역하여 심향행(尋香行) · 심향(尋香) · 식향(食香) · 후향(齅香). (1) 8부중(部衆)의 하나. 제석(帝釋)의 음악을 맡은 신. 지상(地上)의 보산(寶山) 중에 있으며, 술과 고기를 먹지 않고 향기만 먹으므로 이같이 이름. 항상 부처님이 설법하는 자리에 나타나 정법(正法)을 찬탄, 불교를 수호. (2) 인도에서 음악을 직업으로 하는 사람. 음식의 향기만을 찾아 그 문 앞에 가서 춤추고 노래하여 음식을 얻어 살아가므로 이같이 이름. (3) 중음신(中陰身). 중음신은 향기만 맡으므로 식향(食香)이라 하고, 혹은 다음에 태어날 곳에 냄새를 찾아다니므로 심향행(尋香行)이라 함.

없으니 지혜에 의지하고자 하는 자는 신심부터 제대로 갖추고 볼 일이다. 그렇지만 공성을 실재하는 것처럼 여길 경우, 상승의 법을 가리키는 '공성의 지혜'가 곧 삶의 직시를 위한 것임을 놓치게 된다. 부처님께서 삼매에서 바라본 관자재보살이 샤리뿌뜨라에게 공성을 설한 것으로 이루어진 이 '액자 안의 액자'를 통해서 공 사상을 펼쳐 보였음에도, 부정이 아닌 무언가 수승한 것이 있다는 식으로 여기면 공 사상에 대한 오해에서 벗어나는 것은 요원하다.

iti prajñāpāramitāhṛdayasūtraṃ samāptam|

이것으로 반야바라밀다심경을 (모두) 마친다.

제목을 맨 뒤에 두는 것은 이전의 '제목 달기'이다. 불경뿐만 아니라 인도의 모든 고전이 이와 같은 형식의 제목 달기를 하였다는 점만 떠올리며 『반야심경』의 해제를 모두 마친다.

나오며

이상과 같이 『중론』이라는 창을 통해서 역사적으로 형성된 '지혜의 요체를 적은 경'을 뜻하는 『반야심경』을 살펴보았다. 그렇지만 그저 오온·십팔계·사성제·팔정도 등이 '있는 것이 아니다!'라는 부정으로 되어 있으니 지혜가 무엇인지 제대로 알 길이 없다. 그리고 이어지는 내용이 '주문이나 열심히 외우라!'라고 하니 애초부터 찾고자 하는 지혜의 핵심은 말로 설명될 수 있는 것이 아니었다. 그렇지만 지혜의 핵심까지 이르는 과정을 조감도 보듯 살펴볼 수는 있었다.

간략하게 '대승의 기본 사상은 공 사상, 자세는 자애와 연민의 실천행, 그리고 그 실천 테제는 육바라밀다이다.'라고 정의한다. 이 가운데 보시·지계·인욕·정진·선정 그리고 지혜로 이루어진 육바라밀다 가운데 '맨 처음이 왜 굳이 보시인가?'라는 점을 떠올려 본다. 비록 그 끝이 인과, 이유 등을 명확히 아는 지혜라 할지라도 그 삶의 실천 테제는 '더불어, 함께' 살아내는 삶이다. 이것은 해야 할 것과 하지 말아야 할 것을 나누고, 버릴 것을 버리고 지킬 것을 지키는 삶인 지계에 따른 삶보다도 공동체의 가치를 먼저 생각하는 삶을 살아야 한다는 뜻이다. 지계를 강조하는 소승과 구별되는 대승의 특징을 딱 하나 꼽자면, 지계 앞의 보시, 오직 이 하나다.

이것은 조건의 완전한 변화가 없으면 다시 일어나는 번뇌를 제거하기 위해서라도 그 조건부터 명확히 살펴보는 법무아法無我 또는 법공法空과 맞물려 있다. 대승은 소승이 놓치고 있던 바로 이 문제, 즉 소지장所知障, jñeyāvaraṇa의 문제를 발견하였다. '인식 대상의 연기성을 알지 못할 때 발생하는 장애'인 소지장은 인식 대상을 자세히 분석해 놓은 오온·십팔계·사성제·십이연기 등을 '고정된' 부처님의 가르침에 의문을 품지 않았을 때는 발견하기 어려운 문제였다.

인도-티벳 불교 교학의 맨 마지막을 장식하는 보리도 사상에서는 부처님 말씀에 따라 자신의 괴로움을 여의기 위해서 '자세히 따져보는 자세'가 중요하다고 강조한다. 중관사상과 유식사상이 통합된 후기 인도불교에서 시작하여 티벳에서 꽃을 피운 것이 바로 이 '보리도', 즉 '깨달음의 길'이었다. 이것을 체계적으로 정리하여 티벳 현교를 완성한 쫑카빠는 그의 『보리도차제론菩提道次第論, 람림*Lam rim*』에서 지혜는 이전에 알고 있던 것을 '버림'으로써만 이루어진다고 강조한다. 이것이 곧 상사도의 핵심인 '쁘라상기까 마디아마까Prāsaṅgika

Mādhyamaka' 전통이다.

'깨달음의 길'은 조건의 변화를 위한 실천행인 자애와 연민과 떨어질 수 없다. 이와 같은 이어짐 속에서 지혜를 함양할 수밖에 없음을 교학적으로 가다듬은 것이 곧 대승의 교학이고, 이 가운데 그 핵심을 이루는 '지혜의 정수'는 어떤 것도 고정된 것이 없다는 것이다. 이것만 제대로 파악하면 교학의 핵심을 부정하는 『반야심경』을 조금이나마 이해할 수 있을 것이다. 기존에 쌓은 것을 버릴 때만이 삶의 직접성은 드러난다고 여기면 법회 때마다 『반야심경』을 만뜨라처럼 독송만 할 것이 아니라 오온·십팔계 등부터 짚어 보아야 한다. 이때 만뜨라가 뜻하는 피안을 향한 꿈을 제대로 꿀 수 있다.

『반야심경』이라는 조감도를 보며, '액자 밖에서 액자를 보는 자'는 이 시대를 살아가는 바로 우리 자신이다. 열린 자세로 기존의 앎을 부정하며 인식의 지평을 넓혀가는 것이야말로 오늘날 우리가 '지혜의 정수'를 대하는 올바른 자세일 것이다.

무언가 새로운 것을 얻기 위해서는 기존에 손에 쥔 것을 버릴 때만 가능하다. 이 버림은 지금까지 쥐고 있던 주먹을 펼치는 것과 같다. 이 펼침은 우리에게는 단 한 순간도 같은 적이 없는 연기실상의 세계, 앞다투어 피고 지는 화엄법계를 드러내 보일 것이다.

하나의 앎이 끝나면 그다음의 앎이 우리를 기다리고 있다. 이와 같은 한계를 인정하고 출발하는 것은 살아 있는 불교를 공부하는 것이고 불교로 살아내는 것이다. 어쩌면 지금 우리는 쥐고 있는 주먹마저도 빈주먹이라, '색즉시공'만 읊조리는지 모르겠다.

부록

| 부록 1 |

마하반야바라밀다심경 7역譯 비교

둔산불교연구원 원창

| 일러두기 |

1. 什】 구마라집(鳩摩羅什) 역, 『마하반야바라밀대명주경(摩訶般若波羅蜜大明咒經)』[69]
2. 奘】 현장(玄奘) 역, 『반야바라밀다심경(般若波羅蜜多心經)』[70]
3. 月】 법월(法月) 역, 『보편지장반야바라밀다심경(普遍智藏般若波羅蜜多心經)』[71]
4. 若】 반야(般若)와 이언(利言) 공역, 『반야바라밀다심경(般若波羅蜜多心經)』[72]
5. 輪】 지혜륜(智慧輪) 역, 『반야바라밀다심경(般若波羅蜜多心經)』[73]
6. 成】 법성(法成) 역, 『반야바라밀다심경(般若波羅蜜多心經)』[74]
7. 護】 시호(施護) 역, 『불설성불모반야바라밀다경(佛說聖佛母般若波羅蜜多經)』[75]

69. 신수대장경 8책 847 하단 4행부터.
70. 신수대장경 8책 848 하단 4행부터.
71. 신수대장경 8책 849쪽 상단 4행부터.
72. 신수대장경 8책 849쪽 중단 23행부터.
73. 신수대장경 8책 850쪽 상단 9행부터.
74. 돈황석굴에서 발견된 본으로 신수대장경 850쪽 중단 20행부터.

1. 序

月】 如是我聞 一時佛在王舍大城靈鷲山中 與大比丘衆 滿百千人 菩薩摩訶薩 七萬七千人俱 其名曰觀世音菩薩 文殊師利菩薩 彌勒菩薩等 以爲上首 皆得三昧總持 住不思議解脫.

爾時 觀自在菩薩摩訶薩在彼敷坐 於其衆中卽從座起 詣世尊所面向合掌 曲躬恭敬 瞻仰尊顔 而白佛言 "世尊 我欲於此會中 說諸菩薩普遍智藏般若波羅蜜多心 唯願世尊 聽我所說 爲諸菩薩宣祕法要."

爾時 世尊 以妙梵音 告觀自在菩薩摩訶薩言 "善哉善哉具大悲者 聽汝所說 與諸衆生作大光明."

이와 같이 들었나이다. 한때 부처님께서 사위 대성 영취산에 비구 대중 백천 인과 보살 마하살 칠만 칠천 명과 함께 하셨나이다. 그 이름은 관세음보살과 문수사리보살과 미륵

75. 신수대장경 8책 852쪽 중단 3행부터.

보살 등이 상수가 되었나이다. 모두 삼매와 총지로 부사의한 해탈에 머물렀나이다.

이때 관자재보살 마하살이 그 자리에 앉아 있다가 그 대중에서 자리에서 일어나 세존의 처소를 바라보며 서서 합장하고 몸을 숙여 공경하고 존귀한 얼굴을 우러러보며 부처님께 말씀드렸나이다. “세존이시여 저는 이 모임에서 보살의 두루하고 두루한 지혜의 창고인 반야바라밀다의 마음을 말하려 하나이다. 바라옵건대 세존이시여 제가 말하도록 허락하소서, 보살들을 위하여 비밀스러운 법의 요체를 말하리다.”

이때 세존께서 미묘한 범음으로 관자재보살 마하살에게 말씀하셨나이다. “훌륭하다 훌륭해. 대자비를 갖추었으니 그대가 말할 것을 허락하노라. 대중들에게 대광명을 지어주라.”

若】 如是我聞 一時佛在王舍城耆闍崛山中 與大比丘衆及菩薩衆俱

時佛世尊卽入三昧 名廣大甚深

이와 같이 제가 들었나이다. 어느 때 부처님께서 왕사성 기사굴산에 비구 대중과 보살 대중들과 함께 계셨나이다.

그때 부처님 세존께서는 삼매에 들어 계셨나니 이름하여

광대하고 깊고 깊은 삼매였나이다.

輪】 如是我聞 一時薄誐梵 住王舍城鷲峰山中 與大苾芻衆 及大菩薩衆俱

爾時世尊 入三摩地 名廣大甚深照見

이와 같이 제가 들었나이다. 언젠가 박아범께서 왕사성 취봉산에 대비구들과 대보살들과 함께 계셨나이다.

이때 세존께서는 삼마지에 들어 계셨나니 이름하여 광대하고 깊고 깊이 비추어 보는 삼매였나이다.

成】 如是我聞 一時 薄伽梵 住王舍城鷲峰山中 與大苾芻衆 及諸菩薩摩訶薩俱

爾時 世尊 等入甚深明了三摩地法之異門

이와 같이 제가 들었나이다. 언젠가 박가범께서 왕사성 취봉산 가운데 대비구들과 보살 마하살들과 함께 계셨나이다.

이때 세존님께서 깊고 깊은 삼마지법의 기이한 문에 고르게 드셨나이다.

護】 如是我聞 一時 世尊 在王舍城鷲峰山中 與大苾芻衆千二百五十人俱 幷諸菩薩摩訶薩衆 而共圍繞

爾時 世尊 卽入甚深光明宣說正法三摩地

이와 같이 제가 들었나이다. 어느 때 세존께서 왕사성 취봉산에 대비구들 천이백오십 인과 보살 마하살들에게 에워싸여 계셨나이다.

이때 세존께서 깊고 깊은 광명으로 바른 법을 설하는 삼마지에 들어 계셨나이다.

2. 功德

什】 觀世音菩薩 行深般若波羅蜜時 照見五陰空 度一切苦厄.

관세음보살이 깊은 반야바라밀다를 행할 때 오음의 공함을 조견하여 모든 괴로움과 재앙에서 벗어났느니라.

奘】 觀自在菩薩 行深般若波羅蜜多時 照見五蘊皆空 度一切苦厄.

관자재보살이 깊은 반야바라밀다를 행할 때 오온이 모두 공함을 비추어 보고 모든 괴로움과 재앙에서 벗어났느니라.

月】 於是觀自在菩薩摩訶薩蒙佛聽許 佛所護念 入於慧光三昧正受 入此定已 以三昧力行深般若波羅蜜多時 照見五蘊自性皆

空 彼了知五蘊自性皆空.

이에 관자재보살 마하살이 부처님의 허락을 받고 부처님께서 지키시는 지혜 광명의 바른 선정에 들었느니라. 이 선정에 들고 삼매의 힘으로 깊은 반야바라밀다를 행할 때 오온의 본래 본성이 모두 공하다고 비추어 보았느니라. 그 오온의 본래 본성이 모두 공함을 알았느니라.

若】 爾時衆中 有菩薩摩訶薩 名觀自在 行深般若波羅蜜多時 照見五蘊皆空 離諸苦厄.

이때 대중 가운데 보살 마하살이 있었나니 이름하여 관자재이니라. 깊은 반야바라밀다를 행할 때 오온이 모두 공함을 비추어 보고 모든 괴로움과 재앙에서 벗어났느니라.

輪】 時衆中有一菩薩摩訶薩 名觀世音自在 行甚深般若波羅蜜多行時 照見五蘊自性皆空.

이때 대중 가운데 한 보살 마하살이 있었나니 이름하여 관세음보살이었나니 깊고 깊은 반야바라밀다의 행을 행할 때 오온의 본래 본성이 모두 공함을 비추어 보았느니라.

成】 復於 爾時 觀自在菩薩摩訶薩 行深般若波羅蜜多時 觀察照見五蘊體性 悉皆是空.

다시 이때 관자재보살 마하살이 깊은 반야바라밀다를 행할 때 오온체의 본질이 모두 공함을 관찰하여 비추어 보았느니라.

護】 時觀自在菩薩摩訶薩在佛會中 而此菩薩摩訶薩 已能修行甚深般若波羅蜜多 觀見五蘊自性皆空.

이때 관자재보살 마하살이 부처님의 법회에 있었나니 이 보살 마하살은 이미 능히 깊고 깊은 반야바라밀다를 닦아 행하여 오온의 본래 본질이 모두 공함을 살펴보았느니라.

3. 問

若】 卽時 舍利弗 承佛威力 合掌恭敬 白觀自在菩薩摩訶薩言 "善男子 若有欲學甚深般若波羅蜜多行者 云何修行?"

곧 그때 사리불이 부처님의 위신력을 이어 합장하고 공경히 관자재보살 마하살에게 말씀하셨느니라.

"선남자가 만약 깊고 깊은 반야바라밀다의 행을 배우려면 어떻게 수행해야 하나이까?"

月】

輪】 卽時具壽舍利子 承佛威神 合掌恭敬 白觀世音自在菩薩摩訶薩言.

"聖者 若有欲學甚深般若波羅蜜多行 云何修行?"

곧 이때 구수사리자가 부처님의 위신을 이어받아 합장하고 공경히 관세음보살 마하살에게 말씀드렸느니라.

"성자시여, 만약 누군가 깊고 깊은 반야바라밀다를 배워 행하려 하면 어떻게 수행해야 하나이까?"

成】 時具壽舍利子 承佛威力 白聖者觀自在菩薩摩訶薩曰.

"若善男子 欲修行甚深般若波羅蜜多者 復當云何修學?"

이때 구수사리자가 부처님의 위신의 힘을 이어 성자 관자재보살 마하살에게 말씀드렸니라.

"만약 선남자가 깊고 깊은 반야바라밀다를 닦아 행하는 자라면, 이는 다시 마땅히 어떻게 닦고 배워야 하나이까?"

護】 爾時 尊者舍利子 承佛威神 前白觀自在菩薩摩訶薩言.

"若善男子 善女人 於此甚深般若波羅蜜多法門 樂欲修學者 當云何學?"

이때 존자 사리불이 부처님의 위신을 이어 앞에서 관자재보살 마하살에게 말씀드렸니라.

"만약 선남자 선여자가 깊고 깊은 반야바라밀다의 법에

드는 것을 배우기 좋아하는 자라면 어떻게 배워야 하나이까?"

4. 答

若】 如是問已 爾時觀自在菩薩摩訶薩 告具壽舍利弗言.

"舍利子 若善男子善女人 行甚深般若波羅蜜多行時 應觀五蘊性空."

이와 같이 여쭈니 이때 관자재보살 마하살이 구수사리불에게 말씀하셨느니라.

"사리자여 만약 선남자나 선여인이 깊은 반야바라밀다를 행할 때 마땅히 오온의 본성의 공함을 관찰하여야 하느니라."

月】 卽告慧命舍利弗言

"善男子 菩薩 有般若波羅蜜多心 名普遍智藏 汝今諦聽 善思念之 吾當爲汝分別解說"

作是語已 慧命舍利弗 白觀自在菩薩摩訶薩言

"唯大淨者 願爲說之 今正是時."

곧 혜명사리불에게 말하였느니라.

"선남자여 보살이 반야바라밀다의 마음이 있으면 이름하여 '넓고 두루하는 지혜의 창고'이니라. 그대는 지금 자세히 듣고 잘 생각하여 그것을 기억하라. 내가 마땅히 그대를 위하여 분별하여 해설하리라."

이렇게 말하니 혜명사리불이 관자재보살 마하살에게 말씀드렸느니라.

"예 크게 청정하신 분이시여 바라옵건대 그것을 말씀해 주소서 지금이 바로 이때입니다."

輪】 如是問已 爾時 觀世音自在菩薩摩訶薩 告具壽舍利子言.

"舍利子 若有善男子 善女人 行甚深般若波羅蜜多行時 應照見五蘊自性皆空 離諸苦厄."

이와 같이 물으니 이때 관세음자재보살 마하살이 구수사리자에게 말씀하셨느니라.

"사리자여 만약 어떤 선남자나 선여인이 행이 깊어 반야바라밀다를 행할 때 마땅히 오온의 본래 본성이 모두 공함을 비추어 보고 모든 괴로움과 재앙에서 벗어나야 하느니라."

護】 時觀自在菩薩摩訶薩 告尊者舍利子言

"汝今諦聽 爲汝宣說 若善男子善女人 樂欲修學此甚深般若波羅蜜多法門者 當觀五蘊自性皆空."

그때 관자재보살 마하살이 존자사리불에게 말씀하셨느니라.

"그대는 지금 자세히 들으라. 그대를 위하여 널리 말하리라.

만약 선남자와 선여인이 즐겨 이 깊고 깊은 반야바라밀다의 법문을 닦고 배우려는 이라면, 마땅히 오온의 본래 본성이 모두 공함을 관찰하여야 하느니라."

5. 色蘊

什】 "舍利弗 色空故 無惱壞相 受空故無受相 想空故無知相 行空故無作相 識空故無覺相. 何以故 舍利弗 非色異空 非空異色 色卽是空 空卽是色 受想行識亦如是."

"사리불아, 색이 공하므로 번뇌의 모습이 없으며 수가 공하므로 받는 모습이 없으며 생각이 공하므로 안다는 모습도 없으며 행이 공하므로 짓는 모습도 없으며 식이 공하므로 깨달은 모습도 없느니라. 이러한 까닭으로 사리불아 색은 공과 다르지 않고 공은 색과 다르지 않나니 색이 공이며 공이 색이니라. 수와 상과 행과 식도 이와 같느니라."

奘】 "舍利子 色不異空 空不異色 色卽是空 空卽是色 受想行識亦復如是"

"사리자여, 색이 공과 다르지 않으며 공이 색과 다르지 않나니 색이 공이며 공이 색이니라. 수와 상과 행과 식도 또한 이와 같느니라."

月】 "於斯告舍利弗 諸菩薩摩訶薩應如是學 色性是空 空性是色 色不異空空不異色 色卽是空空卽是色 受想行識亦復如是 識性是空空性是識 識不異空空不異識 識卽是空空卽是識"

"이에 사리불에게 말하였느니라. 모든 보살 마하살들은 이와 같이 배우느니라. 색의 본성도 공하고 공의 본성도 색인 것이니 색이 공과 다르지 않으며 공이 색과 다르지 않나니, 색이 곧 공이며 공이 곧 색이니라. 수와 상과 행과 식도 또한 이와 같느니라. 식의 본성도 공하며 공의 본성은 식이니 식이 공과 다르지 않으며 공이 식과 다르지 않느니라. 식이 공이며 공이 식이니라.

若】 "舍利子 色不異空空不異色 色卽是空空卽是色 受想行識亦復如是"

"사라자여, 색이 공과 다르지 않으며 공이 색과 다르지 않느니라. 색이 공이며 공이 색이니라. 수와 상과 행과 식도 또한 이와 같느니라."

輪】 "舍利子 色空 空性見色 色不異空 空不異色 是色卽空是空卽色 受想行識 亦復如是"

"사라자여, 색과 공에서 공한 본성이 색을 보느니라. 색은 공과 다르지 않으며 공이 색과 다르지 않나니 이 색이 곧 공이며 이 공이 곧 색이니라. 수와 상과 행과 식도 또한 이와 같느니라."

成】 作是語已 觀自在菩薩摩訶薩 答具壽舍利子言 "若善男子及善女人 欲修行甚深般若波羅蜜多者 彼應如是觀察 五蘊體性皆空 色卽是空 空卽是色 色不異空 空不異色 如是受想行識 亦復皆空"

이와 같이 말하고 관자재보살 마하살이 구수사리불에게 답하여 말하였느니라.

"만약 선남자나 선여인이 깊고 깊은 반야바라밀다를 수행하고자 하는 이는 그는 마땅히 이와 같이 관찰하라. 오온의 체의 본성은 모두 공하다고. 색은 공하며 공은 색이니 색이 공과 다르지 않으며 공이 색과 다르지 않느니라. 이와 같이 수와 상과 행과 식도 또한 모두 공하느니라."

護】 "何名五蘊自性空耶 所謂卽色是空卽空是色 色無異於空 空無異於色 受想行識亦復如是"

"어찌하여 오온의 본래 본성을 공이라 부르는가? 이른바 곧 색이 곧 공이며 공이 곧 색이니 색에는 공과 다른 것이 없고 공에는 색과 다른 것이 없으며 수와 상과 행과 식도 또한 이와 같느니라."

6. 六對

什】 "舍利弗 是諸法空相 不生不滅 不垢不淨 不增不減."
"사리불아, 이 모든 법의 공한 모습은 나지도 않고 사라지지도 않으며 더러워지지도 않고 깨끗해지지도 않으며 늘지도 않으며 줄지도 않느니라."

奘】 "舍利子 是諸法空相 不生不滅 不垢不淨 不增不減"
"사리자여, 이 모든 법의 공한 모습은 나지도 않고 사라지지도 않으며 더러워지지도 않고 깨끗해지지도 않으며 늘지도 않고 줄지도 않느니라."

月】 "舍利子 是諸法空相 不生不滅 不垢不淨 不增不減."
"사리자여, 이 모든 법의 공한 모습은 나지도 않고 사라지지도 않으며 더러워지지도 않고 깨끗해지지도 않으며 늘지도 않고 줄지도 않느니라."

若】 "舍利子 是諸法空相 不生不滅 不垢不淨 不增不減."
"사리자여, 이 모든 법의 공한 모습은 나지도 않고 사라지지도 않으며 더러워지지도 않고 깨끗해지지도 않으며 늘지도 않고 줄지도 않느니라."

輪】 "舍利子 是諸法性相空 不生不滅 不垢不淨 不減不增."

"사리자여, 이 모든 법의 본질과 모습은 공하여 나지도 않고 사라지지도 않으며 더러워지지도 않으며 깨끗해지지도 않으며 줄지도 않고 늘지도 않느니라."

成】 "是故 舍利子 一切法空性 無相無生無滅 無垢離垢 無減無增."

"이러한 까닭으로 사리자여, 모든 법의 공한 본성은 모양이 없어 남도 없으며 사라짐도 없으며 더러움도 더러움에서 벗어남도 없으며 줄어듦도 없고 늘어남도 없느니라."

護】 "舍利子 此一切法如是空相 無所生 無所滅 無垢染 無淸淨 無增長 無損減."

"사리자여, 이 모든 법의 이러한 공한 모습은 난 바가 없고 사라지는 것도 없으며 더러움에 물들 것도 없고 청정해질 것도 없으며 늘어날 것도 없으며 줄어들 것도 없느니라."

7. 四蘊

什】 "是空法 非過去非未來非現在 是故空中 無色無受想行識."

"이 공한 법은 과거도 아니고 미래도 아니고 현재도 아니니라. 이러한 까닭으로 공한 가운데 색도 없고 수도 없고 상도 없고 행도 없고 식도 없느니라."

奘】 "是故 空中無色 無受想行識."

"이러한 까닭으로 공한 가운데 색도 없고 수와 상도 행도 식도 없느니라."

月】 "是故 空中無色 無受想行識."

"이러한 까닭으로 공한 가운데 색도 없고 수와 상과 행과 식도 없느니라."

若】 "是故 空中無色 無受想行識."

"이러한 까닭으로 공한 가운데 색도 없고 수와 상과 행과 식도 없느니라."

輪】 "是故 空中無色 無受想行識."

"이러한 까닭으로 공한 가운데 색도 없고 수와 상과 행과 식도 없느니라."

成】 "舍利子 是故 爾時 空性之中 無色 無受 無想 無行 亦無有識."

"사리자여, 이러한 까닭으로 이때 공의 본성 가운데는 색도 없고 수도 없고 상도 없고 행도 없으며 또한 식도 없느니라."

護】 "舍利子 是故 空中無色 無受想行識."

"사리자여, 이러한 까닭으로 공한 가운데 색도 없고 수와 상과 행과 식도 없느니라."

8. 18界

什】 "無眼耳鼻舌身意 無色聲香味觸法 無眼界 乃至無意識界."

"눈도 귀도 코도 혀도 몸도 의식도 없으며 색도 소리도 냄새도 맛도 느낌도 법도 없으며 눈의 세계도 없으며 의식의 세계까지도 없느니라."

奘】 "無眼耳鼻舌身意 無色聲香味觸法 無眼界 乃至無意識界."

"눈도 귀도 코도 혀도 몸도 의식도 없으며 색도 소리도 냄새도 맛도 느낌도 법도 없으며 눈의 세계도 없으며 의식의 세계까지도 없느니라."

月】 "無眼耳鼻舌身意 無色聲香味觸法 無眼界 乃至無意識界."

"눈도 귀도 코도 혀도 몸도 의식도 없으며 색도 소리도 냄새도 맛도 느낌도 법도 없으며 눈의 세계도 없으며 의식의 세계까지도 없느니라."

若】 "無眼耳鼻舌身意 無色聲香味觸法 無眼界 乃至無意識界."

"눈도 귀도 코도 혀도 몸도 의식도 없으며 색도 소리도 냄새도 맛도 느낌도 법도 없으며 눈의 세계도 없으며 의식의 세계까지도 없느니라."

輪】 "無眼耳鼻舌身意 無色聲香味觸法 無眼界 乃至無意識界."

"눈도 귀도 코도 혀도 몸도 의식도 없으며 색도 소리도 냄새도 맛도 느낌도 법도 없으며 눈의 세계도 없으며 의식의 세계까지도 없느니라."

成】 "無眼 無耳 無鼻 無舌 無身 無意 無色 無聲 無香 無味 無觸 無法 無眼界 乃至無意識界"

"눈도 없으며 귀도 없으며 코도 없으며 혀도 없으며 몸도 없으며 의식도 없으며 색도 없으며 소리도 없으며 냄새도 없으며 맛도 없으며 촉감도 없으며 법도 없으며 눈의 세계도 없으며 의식의 세계까지 없느니라."

護】 "無眼耳鼻舌身意 無色聲香味觸法 無眼界 無眼識界 乃至無意界 無意識界."

"눈도 귀도 코도 혀도 몸도 의식도 없으며 색도 소리도 냄새도 맛도 느낌도 법도 없으며 눈의 세계도 없으며 안식의 세계도 없으며 의의 세계까지도 없고 의식의 세계도 없느니라."

9. 12緣起

什】 "無無明 亦無無明盡 乃至 無老死 無老死盡."

"무명도 없으며 무명이 다함도 없으며 노사도 없으며 노사가 다함까지도 없느니라."

奘】 "無無明 亦無無明盡 乃至 無老死 亦無老死盡."

"무명도 없으며 무명이 다함도 없으며 노사도 없으며 노사가 다함까지도 없느니라."

月】 "無無明 亦無無明盡 乃至 無老死 亦無老死盡."

"무명도 없으며 무명이 다함도 없으며 노사도 없으며 노사가 다함까지도 없느니라."

若】 "無無明 亦無無明盡 乃至 無老死 亦無老死盡."

"무명도 없으며 무명이 다함도 없으며 노사도 없으며 노사가 다함까지도 없느니라."

輪】 "無無明 亦無無明盡 乃至無老死盡."

"무명도 없으며 무명이 다함도 없으며 노사가 다함까지도 없느니라."

成】 "無無明 亦無無明盡 乃至無老死 亦無老死盡."

"무명도 없으며 무명이 다함도 없으며 노사도 없으며 노사가 다함까지도 없느니라."

護】 "無無明 無無明盡 乃至無老死 亦無老死盡."
"무명도 없으며 무명이 다함도 없으며 노사도 없으며 노사가 다함까지도 없느니라."

10. 四聖諦

什】 "無苦集滅道."
"고와 집과 멸과 도도 없느니라."

奘】 "無苦集滅道."
"고와 집과 멸과 도도 없느니라."

月】 "無苦集滅道."
"고와 집과 멸과 도도 없느니라."

若】 "無苦集滅道."
"고와 집과 멸과 도도 없느니라."

輪】 "無苦集滅道."
"고와 집과 멸과 도도 없느니라."

成】 “無苦集滅道.”
“고와 집과 멸과 도도 없느니라.”

護】 “無苦集滅道.”
“고와 집과 멸과 도도 없느니라.”

11. 智與得

什】 “無智亦無得 以無所得故 …”
“지혜도 없고 또 얻을 것도 없나니 얻은 것이 없으므로 …”

奘】 “無智亦無得 以無所得故 …”
“지혜도 없고 또 얻을 것도 없나니 얻은 것이 없으므로 …”

月】 “無智亦無得 以無所得故 …”
“지혜도 없고 또 얻을 것도 없나니 얻은 것이 없으므로 …”

若】 "無智亦無得 以無所得故 …"

"지혜도 없고 또 얻을 것도 없나니 얻은 것이 없으므로 …"

輪】 "無智證無得 以無所得故 …"

"지혜도 없고 얻을 것도 없나니 얻은 것이 없으므로 …"

成】 "無智無得 亦無不得."

"지혜도 없고 얻을 것도 없으며 또 얻지 못할 것도 없느니라."

護】 "無智 無所得 亦無無得."

"지혜도 없고 얻을 것도 없으며 또 얻지 못할 것도 없느니라."

12. 菩薩

什】 "菩薩依般若波羅蜜故 心無罣礙 無罣礙故 無有恐怖 離一切顚倒夢想苦惱 究竟涅槃."

"보살은 반야바라밀에 의하는 까닭으로 마음에 걸림도 막힘도 없느니라. 걸림도 막힘도 없으므로 두려움도 없으며 모든 전도된 꿈 같은 생각과 고뇌에서 벗어나 마침내 열반하느니라."

奘】 "菩提薩埵 依般若波羅蜜多故 心無罣礙 無罣礙故 無有恐怖 遠離顚倒夢想 究竟涅槃."

"보리살타는 반야바라밀다에 의한 까닭으로 마음에 걸림도 막힘도 없느니라. 걸림도 막힘도 없으므로 두려움이 없으며 전도된 꿈 같은 생각에서 멀리 벗어나 마침내 열반하느니라."

月】 "菩提薩埵 依般若波羅蜜多故 心無罣礙 無罣礙故 無有恐怖 遠離顚倒夢想 究竟涅槃."

"보리살타는 반야바라밀다에 의하는 까닭으로 마음에 걸림도 막힘도 없느니라. 걸림도 막힘도 없으므로 두려움이 없으며 전도된 꿈 같은 생각에서 멀리 벗어나 마침내 열반하느니라."

若】 "菩提薩埵 依般若波羅蜜多故 心無罣礙 無罣礙故 無有恐怖 遠離顚倒夢想 究竟涅槃."

"보리살타는 반야바라밀다에 의하는 까닭으로 마음에 걸림도 막힘도 없느니라. 걸림도 막힘도 없으므로 두려움이 없으며 전도된 꿈 같은 생각에서 멀리 벗어나 마침내 열반하느니라."

輪】 "菩提薩埵 依般若波羅蜜多住 心無障礙 心無障礙故 無有恐怖 遠離顚倒夢想 究竟寂然."

"보리살타는 반야바라밀다에 의하여 머물러 마음에 장애가 없느니라. 마음에 장애가 없으므로 두려움 없이 전도된 꿈 같은 생각에서 멀리 벗어나 마침내 적연해지느니라."

成】 "是故 舍利子 以無所得故 諸菩薩衆 依止般若波羅蜜多 心無障礙 無有恐怖 超過顚倒 究竟涅槃."

"이러한 까닭으로 사리자여, 얻은 바가 없으므로 모든 보살들은 반야바라밀다에 의지하여 마음에 장애가 없으며 두려움이 없어 전도를 뛰어넘어 마침내 열반하느니라."

護】 "舍利子 由是無得故 菩薩摩訶薩 依般若波羅蜜多相應行故 心無所着 亦無罣礙 以無着無礙故 無有恐怖 遠離一切顚倒妄想 究竟圓寂."

"사리자여, 이 얻을 것이 없는 까닭에 보살 마하살은 반야바라밀다에 상응하는 행에 의한 까닭으로 마음에 집착한 바가 없으며 또 걸리고 막힘도 없으며 집착이 없고 걸림이 없으므로 두려움이 없어 모든 전도된 망상에서 멀리 벗어나 마침내 완전히 고요해지느니라."

13. 諸佛

什】 "三世諸佛 依般若波羅蜜故 得阿耨多羅三藐三菩提."

"삼세의 모든 부처님들도 반야바라밀에 의한 까닭으로 아뇩다라삼먁삼보리를 얻었느니라."

奘】 "三世諸佛 依般若波羅蜜多故 得阿耨多羅三藐三菩提."

"삼세의 모든 부처님들도 반야바라밀다에 의한 까닭으로 아뇩다라삼먁삼보리를 얻었느니라."

月】 "三世諸佛 依般若波羅蜜多故 得阿耨多羅三藐三菩提."

"삼세의 모든 부처님들도 반야바라밀다에 의한 까닭으로 아뇩다라삼먁삼보리를 얻었느니라."

若】 "三世諸佛 依般若波羅蜜多故 得阿耨多羅三藐三菩提."

"삼세의 모든 부처님들도 반야바라밀다에 의한 까닭으로 아뇩다라삼먁삼보리를 얻었느니라."

輪】 "三世諸佛 依般若波羅蜜多故 得阿耨多羅三藐三菩提 現成正覺."

"삼세의 모든 부처님들도 반야바라밀다에 의한 까닭으로 아뇩다라삼먁삼보리를 얻어 현재에 바른 깨달음을 이루었느니라."

成】 "三世一切諸佛 亦皆依般若波羅蜜多故 證得無上正等菩提."

"삼세의 모든 부처님들도 또한 반야바라밀다에 의한 까닭으로 위없으며 바르고 평등한 보리를 증득하였느니라."

護】 "所有三世諸佛 依此般若波羅蜜多故 得阿耨多羅三藐三菩提."

"존재하는 삼세의 모든 부처님들도 이 반야바라밀다에 의한 까닭으로 아뇩다라삼먁삼보리를 얻었느니라."

14. 呪功

什】 "故知 般若波羅蜜 是大明咒 無上明咒 無等等明咒 能除一切苦 眞實不虛故 說般若波羅蜜咒."

"그러므로 알라. 반야바라밀 이는 크고 밝은 주문이며

위없는 밝은 주문이며 같이 비교할 수 없는 주문이니 능히 모든 괴로움을 제거하여 진실하며 헛되지 않은 까닭으로 반야바라밀주를 말하노라."

奘】 "故知 般若波羅蜜多 是大神咒 是大明咒 是無上咒 是無等等咒 能除一切苦 眞實不虛故 說般若波羅蜜多咒."

"그러므로 알라. 반야바라밀다는 크고 신이한 주문이며 이는 크고 밝은 주문이며 이는 위없는 주문이며 이는 같이 비교할 수 없는 주문이니 능히 모든 괴로움을 제거하여 진실로 헛되지 않으므로 반야바라밀다의 주문을 말하노라."

月】 "故知 般若波羅蜜多 是大神咒 是大明咒 是無上咒 是無等等咒 能除一切苦眞實不虛 故說般若波羅蜜多咒."

"그러므로 알라. 반야바라밀다 이는 크고 신이한 주문이며 이는 크고 밝은 주문이며 이는 같이 비교할 수 없는 주문이니 능히 모든 괴로움을 제거하여 진실하여 헛되지 않느니라. 그러므로 반야바라밀다주를 말하노라.

若】 "故知 般若波羅蜜多 是大神咒 是大明咒 是無上咒 是無等等咒 能除一切苦 眞實不虛 故說般若波羅蜜多咒."

"그러므로 알라. 반야바라밀다 이는 크고 신이한 주문이며 이는 크고 밝은 주문이며 이는 위없는 주문이며 이는 같이 비교할 수 없는 주문이니 능히 모든 괴로움을 제거하여 진실하여 헛되지 않느니라. 그러므로 반야바라밀다주를 말하느니라."

輪】 "故知 般若波羅蜜多 是大眞言 是大明眞言 是無上眞言 是無等等眞言 能除一切苦 眞實不虛 故說般若波羅蜜多眞言."

"그러므로 알라. 반야바라밀다는 이는 크고 진실한 말이며 이는 크고 밝은 진실한 말이며 이는 위없는 진실한 말이며 이는 같이 비교할 수 없는 진실한 말이니 능히 모든 괴로움을 제거하여 진실하여 헛되지 않느니라, 그러므로 반야바라밀다의 진실한 말을 하노라."

成】 "舍利子 是故當知 般若波羅蜜多 大密咒者 是大明咒 是無上咒 是無等等咒 能除一切諸苦之咒 眞實無倒 故知般若波羅蜜多 是祕密咒 卽說般若波羅蜜多咒曰"

"사리자여, 이러한 까닭으로 마땅히 알라. 반야바라밀다 크고 비밀한 주문은 이는 크고 밝은 주문이며 이는 위없는 주문이며 이는 같이 비교할 수 없는 주문이니 능히 모든 괴로움을 제거하는 주문이니 진실하여 전도됨이 없느니라. 그러므로 알라. 반야바라밀다 이는 비밀한 주문이니 곧 반야바라밀다 주문을 말하노라."

護】 "是故 應知 般若波羅蜜多 是廣大明 是無上明 是無等等明 而能息除一切苦惱 是卽眞實無虛妄法 諸修學者 當如是學 我今宣說般若波羅蜜多大明曰."

"이러한 까닭으로 마땅히 알라. 반야바라밀다 이는 광대하고 밝나니 이는 위없으며 밝으며 이는 같이 비교할 수 없이 밝아 능히 모든 괴로움과 번뇌를 그치게 하고 제거하니 이는 진실하여 헛되고 거짓된 법이 없나니 모든 닦고 배우는 이는 마땅히 이와 같이 배워야 하느니라. 내가 지금 널리 반야바라밀다의 크고 밝은 것을 말하노라."

15. 呪

什】 "卽說呪曰 竭帝竭帝 波羅竭帝 波羅僧竭帝 菩提僧莎呵."

"주문을 말하자면, '아제아제 바라아제 바라승아제 모제사바하'이니라."

奘】 "卽說呪曰 揭帝揭帝 般羅揭帝 般羅僧揭帝 菩提僧莎訶"

"주문을 말하자면 '아제아제 반라아제 반라승아제 모제사바하'이니라."

月】 "卽說咒曰 揭諦揭諦 波羅揭諦 波羅僧揭諦 菩提莎婆訶"

"주문을 말하자면 '아제아제 바라아제 바라승아제 모제사바하'이니라."

若】 "卽說咒曰 蘖諦蘖諦 波羅[卄/僧]蘖諦 菩提娑[76]婆訶"

"주문을 말하자면 '아제아제 바라승아제 모제사바하'이니라."

輪】 "卽說眞言 唵[77] 誐帝誐帝 播[78]囉誐帝 播[79]囉冒[80]地娑縛[81]賀[82]"

"진실한 말을 하자면 '옴 아제아제 번라아제 번라모지사박하'라 하라."

成】 "峨帝峨帝 波囉峨帝 波囉僧峨帝 菩提莎訶"

76. 원주 "소흘반(蘇紇反)"이라 했다.
77. 원주 '긴소리(인(引))'라 했다.
78. 원주 '긴소리(인(引))'라 했다.
79. 원주 '긴소리(인(引))라 했다.
80. 원주 '긴소리(인(引))라 했다.
81. 원주 '이합(二合)'이라 했다.
82. 원주 '긴소리(인(引))라 했다.

"아제아제 바라아제 바라승아제 보리사하"

護】 "怛寧也[83]他[84] 唵[85] 誐帝[86]誐帝 誐帝[87]播[88]囉僧誐帝[89]冐提莎"
"달령타 옴 아제아제 아제번라승아제 모제사"

16. 廻向

若】 "如是舍利弗 諸菩薩摩訶薩 於甚深般若波羅蜜多行 應如是行."
"이와 같이 사리불아 모든 보살 마하살은 깊고 깊은 반야바라밀다의 행을 마땅히 이와 같이 행하라."

輪】 "如是舍利子 諸菩薩摩訶薩 於甚深般若波羅蜜多行 應如是學."

83. 원주 '절신(切身)'이라 했다.
84. 원주 '인일구(引一句)'라 했다.
85. 원주 '긴소리(인(引))'라 했다.
86. 원주 '긴소리(인(引))'라 했다.
87. 원주 '인삼(引三)'이라 했다.
88. 원주 '긴소리(인(引))'라 했다.
89. 원주 '인사(引四)'라 했다.

“이와 같이 사리불아 모든 보살 마하살이 깊고 깊은 반야바라밀다의 행을 이와 같이 배워야 하느니라.”

成】 “舍利子 菩薩摩訶薩 應如是修學甚深般若波羅蜜多.”

“사리자여, 보살 마하살은 마땅히 이와 같이 깊고 깊은 반야바라밀다를 닦아 배우라.”

護】 “舍利子 諸菩薩摩訶薩 若能誦是般若波羅蜜多明句 是卽修學甚深般若波羅蜜多.”

“사리자여, 모든 보살 마하살이 만약 능히 이 반야바라밀다의 밝은 구절을 외우면 이는 깊고 깊은 반야바라밀다를 닦아 배우는 것이니라.”

17. 讚觀音

若】 如是說已 卽時世尊從廣大甚深三摩地起 讚觀自在菩薩摩訶薩言.

“善哉善哉 善男子 如是如是 如汝所說 甚深般若波羅蜜多行應如是行 如是行時一切如來 皆悉隨喜.”

이와 같이 말하니 곧 이때 세존이 광대하고 깊고 깊은 삼마지에서 일어나사 관자재보살 마하살을 찬탄하시느라.

선재라 선재라. 선남자여 이와 같고 이와 같노라. 그대가 말한 것과 같느니라. "매우 깊고 깊은 반야바라밀다의 행을 이와 같이 행하라. 이와 같이 행할 때 모든 여래가 모두 다 따라 기뻐하시느니라."

輪】 爾時世尊 從三摩地安祥而起 讚觀世音自在菩薩摩訶薩言.

"善哉善哉 善男子 如是如是 如汝所說 甚深般若波羅蜜多行應如是行 如是行時 一切如來 悉皆隨喜."

이때 세존이 삼마지로부터 편안히 일어나사 관세음자재보살 마하살을 찬탄하시니라.

선재라 선재라. 선남자여 이와 같고 이와 같노라, 그대가 말한 바와 같느니라. 깊고 깊은 반야바라밀다의 행을 이와 같이 행하라. 이와 같이 행할 때 모든 여래가 모두 다 따라 기뻐하시느니라."

成】 爾時 世尊從彼定起 告聖者觀自在菩薩摩訶薩曰.

"善哉善哉 善男子 如是如是 如汝所說 彼當如是修學般若波羅蜜多 一切如來 亦當隨喜."

이때 세존께서 그 선정에서 일어나 성자 관자재보살 마하살에게 말씀하셨느니라.

"선재라 선재라. 선남자여 이와 같고 이와 같노라. 그대의 말과 같노라. 그대가 마땅히 이와 같이 반야바라밀다를 닦고 배우면 모든 여래가 또한 마땅히 따라 기뻐하시느니라."

護】 爾時 世尊 從三摩地安詳而起 讚觀自在菩薩摩訶薩言. "善哉善哉 善男子 如汝所說 如是如是 般若波羅蜜多 當如是學 是卽眞實 最上究竟 一切如來 亦皆隨喜."

이때 세존께서 삼마지로부터 편안히 일어나사 관자재보살을 찬탄하여 말씀하셨느니라.

"선재라 선재라. 선남자여 그대가 말한 바와 같느니라. 이와 같고 이와 같느니라. 반야바라밀다를 마땅히 이와 같이 배우라. 이는 진실하며 가장 빼어난 것이니 모든 여래들께서 또한 모두 따라 기뻐하시느니라."

18. 流通

月】 佛說是經已 諸比丘及菩薩衆 一切世間天人阿脩羅乾闥婆等 聞佛所說皆大歡喜 信受奉行.

부처님께서 이 경을 말씀하시자 모든 비구들과 보살들과 모든 세간의 하늘과 사람과 아수라와 건달바 등이 부처님의 말씀을 듣고 모두 크게 기뻐하며 믿고 받아들여 받들어 행하였느니라.

若】 爾時 世尊 說是語已 具壽舍利弗大喜充遍 觀自在菩薩摩訶薩亦大歡喜 時彼衆會天人阿修羅乾闥婆等 聞佛所說皆大歡喜信受奉行.

이때 세존께서 이 말씀을 하시자 구수사리불이 큰 기쁨이 충만하니라. 관자재보살 마하살도 또한 크게 기뻐하였느니라. 그때 그 대중에 모인 하늘들과 사람과 아수라와 건달바 등이 부처님의 말씀을 듣고 모두 크게 기뻐하며 믿고 받아들여 받들어 행하였느니라.

輪】 爾時 世尊 如是說已 具壽舍利子 觀世音自在菩薩 及彼衆會一切世間天人阿蘇囉 巘馱嚩等 聞佛所說 皆大歡喜 信受奉行.

이때 세존께서 이 말씀을 하시자 구수사라자와 관세음자재보살과 그 대중에 모인 모든 세간의 하늘과 사람과 아수라와 건달바 등이 부처님의 말씀을 듣고 모두 크게 기뻐하며 믿고 받아들여 받들어 행하였느니라.

成】 時薄伽梵 說是語已 具壽舍利子 聖者觀自在菩薩摩訶薩一切世間天人阿蘇羅乾闥婆等 聞佛所說 皆大歡喜 信受奉行.

이때 박가범께서 이 말씀을 하시자 구수사리자와 성자관

자재보살 마하살과 모든 세간의 하늘들과 사람들과 아수라들과 건달바 등이 부처님께서 말씀하신 바를 듣고 모두 크게 기뻐하여 믿고 받아들여 받들어 행하였느니라.

護】 佛說此經已 觀自在菩薩摩訶薩 幷諸苾芻 乃至世間天人阿修羅乾闥婆等 一切大衆 聞佛所說 皆大歡喜 信受奉行.

부처님께서 이 경을 말씀하시자 관자재보살 마하살과 모든 비구들과 세간의 하늘들과 사람들과 아수라들과 건달바 등 모든 대중들까지 부처님께서 말씀하신 바를 듣고 모두 크게 기뻐하여 믿고 받아들여 받들어 행하였느니라.

19. 현장역서

가. 大明太祖高皇帝御製般若心經序

二儀久判 萬物備周 子民者君 君育民者 法其法也.

三綱五常 以示天下 亦以五刑輔弼之有等 凶頑不循教者 往往有趨火赴淵之爲 終不自省 是凶頑者 非特中國有之 盡天下莫不亦然 俄西域生佛 號曰釋迦其爲佛也.

두 가지 의례[90]의 오랜 구별은 만물에 갖추어져 두루함에

90. 천지(天地) 또는 음양(陰陽)을 말한다. 양의(兩儀)라고도 한다.

백성을 자식으로 여기는 이가 임금이요 임금이 백성을 기르는 이는 그 법을 법다이 하느니라.

삼강[91]과 오상[92]으로 천하에 보이며 또 다섯 가지 형벌로 도움이 있는 등은 흉하고 완고함에 가르침을 따르지 않는 이는 가끔 추국하며 화부火赴하기도 하는데 마침내 스스로 반성하지 않으면 이는 흉하고 완고한 이니 특별히 중국에만 있는 것이 아니니 온 천하가 그렇지 않음이 없느니라. 다행히 서역에서 부처님께서 나시니 이름하여 석가모니라하니 부처가 되셨느니라.

行深願重 始終不二 於是出世間 脫苦趣 爲其效也.

仁慈忍辱 務明心以立命 執此道而爲之意 在人皆在此 利濟群生 今時之人 罔知佛之 所以每云法空 虛而不實 何以導君子 訓小人 以朕言之 則不然 佛之教 實而不虛 正欲去愚迷之虛 立本性之實 特挺身苦行 外其教而異其名 脫苦有情 昔佛在時侍從聽從者 皆聰明之士 演說者乃三綱五常之性理也.

행은 깊고 바람은 무거우니 시작과 끝이 둘이 아니니 이에 세간을 벗어나 괴로움에서 벗어남에 그 본이 되니라.

어질고 자애로워 욕됨을 견딤에 마음을 밝힘에 힘써 목숨

91. 삼강(三綱): 임금과 신하, 부모와 자식, 남편과 아내의 관계를 말한다.
92. 오상(五常): 유교의 인(仁)과 의(義)와 예(禮)와 지(知)와 신(信)을 말한다.

을 세움으로 이 도를 잡아 뜻으로 삼으셨나니 사람들이 모두 이에 있으면 중생들을 이롭게 하며 제도하느니라. 지금 사람들이 그릇되게 부처님을 알고도 이러한 까닭으로 매양 법이 공하다 하나 허망하고 진실하지 않도다. 어떻게 인도하사 군자가 작은 사람들을 가르치리오. 내가 그들에게 말하되 그렇지 않다. 부처님의 가르침은 진실로 헛되지 않나니 바로 어리석고 미혹한 헛된 것을 제거하려 본래 본질의 진실을 세워 특별히 친히 고행하고 밖으로 그것을 가르쳤으나 그 이름을 달리하면 괴로움에서 벗어난 유정이라. 예전에 부처님께서 계실 때 모시고 들었던 이들은 모두 총명한 분들이며 설한 것은 삼강과 오상의 본성의 이치이니라.

旣聞之後 人各獲福 白佛入滅之後 其法流入中國 間有聰明者 動演人天小果 猶能化凶頑爲善 何況聰明者 知大乘而識宗旨者乎?

如心經每言空不言實 所言之空 乃相空耳 除空之外 所存者本性也.

이미 들은 뒤에 사람은 각각 복을 얻으나 부처님께서 입멸하신 뒤 그 법이 흘러 중국에 들어왔느니라. 그사이에 총명한 이들이 있어 얼핏 사람과 하늘의 작은 과보를 말하여 오히려 능히 흉하고 완고한 이들을 교화하여 성하게 하였나니 어찌

황차 총명한 사람으로 대승을 알고 종지를 아는 이겠는가?

『반야심경』에서 매양 공하여 진실하지 않다 하였나니 말한바 공하는 그 모양이 공할 뿐이니 공을 제외하고 그 밖의 남아 있는 것이 본래 본성이니라.

所以相空有六 謂口空說相 眼空色相 耳空聽相 鼻空嗅相 舌空味相 身空樂相 其六空之相.

이러한 까닭에 모양의 공함에 여섯 가지가 있나니. 입은 말하는 모양이 공하며 눈은 색의 모양이 공하며 귀는 듣는 모양이 공하며 코는 냄새 맡는 모양이 공하며 혀는 맛보는 모양이 공하니 몸은 즐기는 모양이 공하나니 그 여섯 가지 공한 모양이니라.

又非眞相之空 乃妄想之相 爲之空相 是空相 愚及世人 禍及今古 往往愈墮彌深 不知其幾 斯空相.

또 진실한 모습의 공이 아니면 곧 망상의 모습이 공한 모양이 되느니라. 이것이 공한 모습이나 어리석은 세간의 사람들은 화가 고금에 미치나니 가끔 더욱더 깊어져 그 끝을 알지 못하느니라. 이것이 공한 모습이니라.

前代帝王被所惑 而幾喪天下者 周之穆王 漢之武帝 唐之玄宗

蕭梁武帝 元魏主燾 李後主 宋徽宗 此數帝 廢國怠政. 惟蕭梁武帝 宋之徽宗 以及殺身 皆由妄想飛升.

及入佛天之地 其佛天之地 未嘗渺茫 此等快樂 世嘗有之 爲人性貪而不覺 而又取其樂 人世有之者何?

전대의 황제와 왕들이 입은 미혹한 바는 몇 번이나 천하를 상하게 하였나니 주나라의 목왕과 한나라의 무제와 당나라의 현종과 소양의 무제와 원위의 주도와 이후 주와 송나라 미종 등, 이 여러 황제들은 나라를 피폐하게 하고 정무를 게을리하였느니라. 생각건대 석양의 무제와 송나라 미종은 자신을 죽임에까지 미쳤으니 모두 허망한 생각이 비승함으로 말미암았느니라.

부처님의 땅에 들어가 그 부처님의 땅에서 아직 아득함을 맛보지 못하고 이러한 쾌락을 세간에서 맛본 이가 있으면 사람의 본성이 탐욕으로 깨닫지 못하고 또 그 즐거움으로 나아가나니 세간에 있는 그들을 어찌하리오?

且佛天之地 如爲國君及王侯者 若不作非 爲善能保守此境 非佛天者 何如不能保守而僞爲用妄想之心 卽入空虛之境 故有如是斯空相富者被纏 則婬欲並生喪富矣. 貧者被纏 則諸詐並作殞身矣.

다만 부처님의 땅에서 나라의 임금이나 왕이나 후작과

같은 이가 만약 그릇된 짓을 하지 않으며 선을 위하여 이 경계를 능히 보호하고 지키려 하나 부처님이 아니면 어찌하여도 능히 거짓을 보호하고 지키지 못하며 망상의 마음을 쓰게 되어 곧 공허한 지경에 들어가게 되리라. 그러므로 이와 같음이 있나니 이 공한 모습이 서로 더해져 얽어맬 것이니라. 곧 음욕과 더불어 나고 죽음이 더해지리라. 가난한 이를 얽매이면 모든 거짓과 아울러 몸을 해치게 되리라.

其將賢未賢之人 被纏 則非仁人君子也.

其僧道被纏 則不能立本性而見宗旨者也.

所以本經題云心經者 正欲去心之邪念以歸正道 豈佛教之妄耶 朕特述此 使聰明者 觀二儀之覆載 日月之循環 虛實之孰取保命者何如 若取有道 保有方 豈不佛法之良哉 色空之妙乎!

그 어진 이들과 함께 아직 어질지 못한 이들이 얽매이면 어진 사람 군자가 아니니라.

그 승도가 얽매이면 능히 본래 성품을 세우고 종지를 보지 못하느니라.

이러한 까닭으로 이 경의 제목에서 마음의 경이라 한 것은 바로 마음의 삿됨을 제거하여 바른길로 돌아가기를 기억하게 하려는 것이니라. 어찌 부처님의 가르침이 허망하겠는가? 내가 특별히 이를 말하여 총명한 이로 하여금 두 가지 자태를 덮어주고 실어줌과 해와 달의 순환을 관찰하게 하리라. 진실하지 않은 헛됨만 취하며 목숨을 보전하는 자를 어쩌랴? 만약 (삿됨을) 취하는 도에 빠져 있으면 보호할 방도가 있으랴? 어찌 부처님 법이 진실한 것이 아니랴? 색과 공의 미묘함이여!

나. 唐釋慧忠序

夫法性無邊 豈藉心之所度 眞如非相 詎假言之所詮 是故衆生浩浩無窮 法海茫茫何極 若也.

廣尋文義 猶如鏡裏求形 更乃息念觀空. 又似日中逃影. 玆經喩如大地 何物不從地之所生? 諸佛唯指一心 何法不因心之所立 但了心地 故號總持 悟法無生 名爲妙覺 一念超越豈在繁論者爾.

대저 법의 본성은 끝이 없나니 어찌 마음으로 헤아리랴? 진여는 모양이 아니니 어찌 거짓된 말로 설명하랴? 이러한 까닭으로 중생은 넓고 넓어 다함이 없고 법의 바다는 망망하니 어디가 끝이랴? 그러할 뿐이니라.

넓고 깊은 글의 뜻은 오히려 거울에 비친 모양과 같나니 다시 생각을 그치고 공함을 관찰하라. 또 해 가운데 달아나는 그림자 같느니라.

이 경은 마치 대지와 같나니 어떤 사물이 땅으로부터 난 것이 아닌가? 모든 부처님들은 오직 한 마음만 가르쳤나니 어떠한 법이 마음으로 인하여 성립하지 않겠는가? 다만 마음의 땅을 분명히 앎으로 이름하여 총지라 하나니, 법의 남이 없음을 알면 이름하여 묘각이라 하나니 한순간 뛰어넘으면 어찌 번거로운 이론을 남길 필요가 있겠는가?

해제

『마하반야바라밀대명주경摩訶般若波羅蜜大明呪經』

『반야바라밀다심경』의 한역으로 구마라집鳩摩羅什이 번역하였다. 고려대장경 영인본 5책 1037쪽, 신수대장경 8책 847쪽에 등재되어 있다. 요진姚秦 시대(402～412)에 번역되었다. 줄여서『대명주경大明呪經』 또는『마하대명주경摩訶大明呪經』이라 한다.

오온을 5음陰이라 하고 사리자를 사리불舍利弗이라 하였다. 흔히 독송하는 현장본과 차이는 한 문장이다. 이본에는 "모든 괴로움을 건넜다." 뒤에, "사리불이여, 색이 공하므로 뇌괴상惱壞相이 없으며, 수가 공하므로 수상受相이 없고, 상이 공하므로 지상知相이 없으며, 행이 공하므로 작상作相이 없고, 식이 공하므로 각상覺相이 없다."라는 문장이 더 있다.

『반야바라밀다심경般若波羅蜜多心經』

『반야바라밀다심경』 한역본 가운데 하나이다. 당나라 현장玄奘이 번역한 본이다. 고려대장경 영인본 5책 1035쪽, 신수대장경 8책 848쪽에 등재되어 있다. 현대 한국불교에서 일상 의례로 독송되는 경이다.

일반적인 경전의 형식인 서분과 유통분을 갖춘 광본廣本과 그 형식을 갖추지 않은 약본略本이 있는데 이 경은 약본이다.

전체를 크게 네 부분으로 나누어서 살펴볼 수 있다. 첫째, 반야바라밀의 대강이다. 부처님이 사리불에게, "관자재보살이 깊은 반야바라밀을 행할 때 오온이 공함을 관찰하시고 모든 괴로움을 건넜다."라고 말하는 부분이다. 둘째, 반야바라밀의 각론적 설명이다. 위에서 말한 반야바라밀의 대강을 보다 구체적으로 나타내는 부분이다. 오온 하나하나가 모두 공과 다르지 않으며 곧 공이니, 이러한 공의 차원에는 육근·육경·육식·십이인연·사성제·지혜와 얻음 등이 아무것도 없다는 것이다. 셋째, 반야바라밀의 공덕이다. 모든 보살은 이 같은 반야바라밀에 의지하여 구경의 열반을 얻으며, 삼세의 부처님도 이 같은 반야바라밀을 의지하여 아뇩다라삼먁삼보리를 얻는다. 넷째, 반야바라밀이 주문이라는 것이다. "매우 신묘한 주문이며, 매우 밝은 주문이고, 위없는 주문이며, 비할 데 없는 주문"임을 말한 뒤, 반야바라밀다주로서 "아제아제 바라아제 바라승아제 모지 사바하"를 제시한다.

『반야심경』은 600부 반야경의 핵심적인 사상을 가장 간략하게 추려 놓은 경전이며, 모든 불교 종파의 법회나 의식

등에서 반드시 독송하고 있다.

주석은 주로 이 경을 대상으로 이루어졌는데 원측圓測의 『반야심경찬』 1권과 규기窺基의 『반야심경유찬』 2권이 있다.

『보편지장반야바라밀다심경普遍智藏般若波羅蜜多心經』

『반야바라밀다심경』의 한역본으로 당나라 법월이 번역하였다. 고려대장경 영인본 36책 615쪽, 신수대장경 8책 849쪽에 등재되어 있다.

경은 관본에 해당하는데 경문 가운데 "보살은 반야바라밀다의 핵심을 갖고 있으니 보편지장普遍智藏이라 이름한다."라고 하는 데서 '보편지장'이라는 말을 앞에 두었다.

왕사성 독수리봉에 모인 보살들 가운데 관세음보살, 문수사리보살, 미륵보살이 상수上首가 되는데, 이들은 모두 삼매와 총지를 얻어서 불사의에 머물고 있다. 또한 관자재보살이 깊은 반야바라밀다를 행할 때도 '선정에 들어서 삼매의 힘으로' 하는 것임을 말하고 있다. 이렇게 삼매 속에서 반야바라밀다를 행한 것이라는 점은 다른 역본과 비교해서 볼 때, 매우 독특한 것이다.

『반야바라밀다심경般若波羅蜜多心經』

당나라 반야와 이언이 함께 번역하였다. 고려대장경 영인본 37책 404쪽 신수대장경 8책 849쪽에 등재되어 있다. 광본 『반야심경』이므로 그 구성은 『불설성불모반야바라밀다경』과 유사하다. 이 경과 비슷한 구성의 이역본으로는 고려대장경에는 들어 있지 않은 지혜륜智慧輪이 번역한 『반야바라밀다심경般若波羅蜜多心經』(신수대장경 증제 번호 254)과 당나라 때 법성法成이 번역한 『반야바라밀다심경般若波羅蜜多心經』(신수대장경 등재번호255) 등이 있다.

『불설성불모반야바라밀다경佛說聖佛母般若波羅蜜多經』

『반야바라밀다심경』의 한역본 가운데 하나로 광본이다. 고려대장경 영인본 40책 341쪽, 신수대장경 8책 852쪽에 등재되어 있다. 송나라 때인 980년에 시호施護에 의하여 번역되었다. 줄여서 『제불모경諸佛母經』이라 한다.

반야바라밀의 핵심 내용과 그 공덕을 설하고 있는 경전이다.

왕사성의 영취산에서, 부처님이 깊은 삼매에 들어가 있는 동안에, 관자재보살과 사리자가 서로 묻고 답하는 형식으로 이루어져 있다. "선남자 선여인이 이러한 깊은 반야바라밀다 법문을 기꺼이 닦고 배우고자 한다면, 마땅히 어떻게 배워야 하는가?"라는 사리자의 질문에 대하여, 관자재보살은 "마땅히 오온의 자성이 공함을 관찰하라."라고 하였다. 이와 같은 대강의 내용은 현장의 번역본과 다를 바 없다. 다만 반야바라밀다주를 설한 뒤, 부처님이 삼매에서 일어나서 관자재보살을 찬탄하였다는 내용과 모든 대중들이 믿고 받아 지니며 받들어 행하였다는 내용이 더 첨가되어 있다는 점이 다를 뿐이다.

반야부의 등장과 원시 대승불교

— 졸저, 『용수의 사유』에서

반야부盤若部, Prajñāpāramitāvāda의 등장을 살펴보기 전에 다시 한번 강조하는 바는, 비록 대승불교가 발생했어도 인도불교사에서 부파불교가 결코 사라지지 않았다는 점이다. 다양한 역사적인 기록들, 특히 현장의 『대당서역기』가 묘사한 7세기경의 인도불교의 다수파는 여전히 부파불교였으며 인도의 마지막 불교 왕국인 빠알라Pāla 왕조 때까지 이 부파불교들은 남아 있었다.

> '이처럼 인도의 모든 주요 4종의 부파는 섞이지 않은 가운데 각자 따로 존재했다. 비록 이 18부파의 논서와 문자가 지금까지 존재하지만 논점은 크게 다르지 않고 빠알라 왕조의 7세대까지 자기들의 전통을 간직한 채 남아 있는 것처럼 보인다.'[1]

더뜨 교수는 일반적으로 소승불교와 구별되는 대승불교의

1. 신상환, 『용수의 사유』, 도서출판b, 2011, 419쪽. '부록Ⅱ_1 따라나타의 『인도불교사』 제42장 간추린 부파 4종 분석' 참조.

특징을 다음과 같이 꼽았다.

'(i) 보살에 대한 개념[2]

(ii) 바라밀다波羅蜜多의 수행

(iii) 보리심의 개발

(iv) 정신 작용의 십지十地

(v) 불성의 성취

(vi) 3신身의 인정

(vii) 법무아의 개념, 법개法皆, Dharmasamatā 또는 여성如性, Tathatā.'[3]

나까무라 하지메를 비롯한 대부분의 학자들도 첫 번째 척도인 보살의 중요성에 대해서는 일치하는 입장을 보인다.

'대승불교의 체계는 2세기경 처음 서북인도에서 존재하기

2. Monier-Williams (S. M.), A Sanskrit-English Dictionary, p. 734(c). 어원학적으로 보살(bodhisattva)은 보디(bodhi, 지식 또는 지혜)와 사뜨바(sattva, 존재), 즉 '지혜를 갖춘 자'란 뜻이다.

3. Dutt (N.), *Buddhist Sects in India*, pp. 249~250. 이상하게도 더뜨 교수는 대승불교의 가장 중요한 개념 중의 하나인 공 사상을 빼놓고 있다. 초기 반야부에서 공성(śūnyatā)이 가장 중요한 개념이었는지는 확실하지 않지만 이후 모든 대승경에서는 가장 중요한 기본적인 개념이 되었는데, 이 점에서 대승불교를 일곱 가지 특징으로 정의한 더뜨 교수는 공 사상의 중요성을 간과하고 있었던 셈이다.

시작한 이래 마투라로 뻗쳤고 그다음 다른 지역으로 퍼졌다.
…….

대승불교의 제안자들은 교조적인 상가에 포함되지 않은 유행 수행자들이었을 것이라 짐작된다.

아마도 그들은 그들의 활동을 위한 근거지를 불탑으로 삼았던 종교적인 사람의 그룹들에서 발전되어 나왔을 것이다. 그들은 승려clergy와 속인으로 이뤄진 보살의 체계들을 발전시켰다.'[4]

대부분의 학자들이 인정하듯, 보살은 의심할 바 없이 대승불교의 주요한 개념이지만 나까무라 하지메가 언급한 '2세기경'보다 시대를 좀 더 앞당기면 반야부와 만날 다른 가능성이 있다.

4. Nakamura (H.), *Indian Buddhism*, p. 151. 나까무라 하지메의 주요 저작들을 살펴보면, 그가 중인도의 마투라에 지대한 관심을 갖고 있다는 것을 알 수 있다. 이곳에서 발견된 유물들을 조사한 인도의 한 노학자와 만난 적이 있는데 그의 설명이 이를 뒷받침했다. 『붓다의 세계』의 마지막 장인 「특론 IV. 새로 발견된 아미타 불상 대좌의 명문과 그 의의」가 그 예이다. 그러나 서북인도에서 대승불교의 기원을 찾고자 하는 그의 시도와 달리 각자의 개념들이 우연적으로 또는 동시다발적으로 발전했을 가능성이 크다. 한 가지 확실한 것은 그가 언급한 '유행 수행자'를 남인도로 옮겨놓고 생각하면 많은 가설들을 세울 수 있다는 점이다.

'시즈따니 마소오 씨는, 자신이 주로 다룬 금석학적 기록들과 한역판들의 역경의 시기들을 기초로 하여, '대승불교'라는 명칭을 주장하지 않은 원시proto 대승불교와 초기early 대승불교를 구별할 수 있는 제안을 만들었다.

그에 따르면 이들의 시기는 다음과 같다:

시초incipient 단계의 원시 대승불교	100-1 B. C.
발전 단계의 원시 대승불교	1-100 A. D.
시초 단계의 초기 대승불교	50-100 A. D.
발전 단계의 초기 대승불교	100-250 A. D.

이것은 '대승불교'라는 용어를 사용한 첫 경전이 8천 반야송Āṣṭasāhasrikā이라는 것과 일치해 보인다.

보살 교의, 대승불교가 그것의 존재성을 품고 있는 이것의 기원은 전前 대승 불전 문학에서 그 자취를 찾을 수 있다.'[5]

이와 같은 구분은 반야부와 중관부를 올바르게 자리매김하는 것에 매우 유용하다. 시즈따니 마사오의 구분에 따른 '시초 단계의 원시 대승불교' 시대는, 각각의 부파불교도들이

5. 같은 책, p. 152.

자신들의 상가 안에서 전통을 유지하는 가운데 불전 문학의 영향을 받으면서 다양한 불교 예술에 보살의 개념을 적용하고 있었을 때다. 익히 잘 알려져 있듯, 실제로 '(완벽한) 지혜를 갖춘 자'란 뜻을 지닌 보살은 원래 대승불교만의 전유물이 아니었다. 이 점에 대해 더뜨 교수는 주요 부파들과 연관시켜 연구했는데[6] 몇 가지 주요한 점이 눈에 띈다.

> '만약, 대중부에 따른다면, 붓다들이 출세간적인 존재lokottara이고, 만약 그 붓다(가우따마 싯다르타)가 단지 진정한 붓다의 창조된 상化身, Nirmāṇakāya일 뿐이라면, 보살도 마찬가지로 평범한 존재라 할 수 없다—그들도 마찬가지로 출세간적인supramundane 존재임이 틀림없을 것이다.'[7]

우리가 더뜨 교수의 선행 연구를 따른다면, 부파들 사이에서 논의되었던 보살에 대한 개념들이 대승불교에 지대한 영향을 끼쳤음을 알 수 있다. 그는 유부와 설산주부 사이의, 즉 부파들 사이에서 진행되었던 논쟁에 관련해서도 자세히 적고 있다.

• •

6. 자세한 내용은 Dutt (N.), *Buddhist Sects in India*, pp. 76~77, 103~104 그리고 178~179 참조.
7. 같은 책, p. 77.

'세우는 음광부와 설산주부를 다른 교리를 지지해 갈라진 부파들로 다루고 있다. 그는 설산주부가 유부의 그것들과 매우 일치하는 몇 가지 교리들을 갖고 있다고 간주했다. 일테면,

(i) 보살들은 평범한 존재들이다Pṛthagjanas;

(ii) 보살들은 그들이 그들의 모태로 들어갈 때 색色, rāga도 욕慾, kāma도 가지지 않는다;

(iii) 외도들은 5종의 힘力을 갖출 수 없다;

(iv) 신들 가운데에는 주정범행住淨梵行, brahmacariyāvāsa이 없다.

그리고

(v) 아라한은 무지와 의심이 있고; 그들은 유혹에 걸리고; 다른 이들의 도움으로 정신적인 각성을 취하며; 그 도는 큰소리를 치며 성취된다.'[8]

8. 같은 책, p. 178. 그는 주석에 나머지 두 부분은 대중부와 일치한다고 적고 있다. 『이부종륜론』의 이 설산주부에 대한 부분은 아래와 같다.

'그 설산부(雪山部)가 본종으로 뜻이 같은 것은 다음과 같다. 모든 보살은 오히려 이생(異生)이요 보살은 태(胎)로 들어갈 때에 탐애(貪愛)를 일으키지 않으며, 모든 외도는 다섯 가지 신통을 얻는 이가 없고 또한 하늘 가운데서 범행에 머무르는 이도 없다. 아라한에게는 다른 이의 유혹을 받는 것[餘所誘]이 있고, 오히려 무지(無知)가 있으며, 또한 망설임[猶豫]이 있고, 다른 이로 하여 깨쳐 들기도[他令悟入] 하며, 도가 소리로 인하여 일어나기도 한다[道因聲起]. 그 밖에 주장하는 것은 흔히 설일체유부와 같다.' 자세한 내용은 '부록 I 『이부종륜론』 주해' 참조.

'우리는 지금 이 시기 동안 발생했고 대승불교 출현을 예고했던 교리상의 발전에 대한 파노라마식의 관점을 얻기 위한 (연구를, 필자 첨언) 계속해야 할 것이다. 대중부는 확실히 자기 처지에 맞게 붓다를 이해하는 경향성을 보인 소승불교 가운데 가장 초창기의 부파였으며, 이것은 이후 그들의 자부파들의 하나인 설출세부에 의해 완성되게 했다. 그러나 보살에 대한 개념이나 육바라밀다 수행이 대중부에 의해서 처음으로 또는 유부에 의해서 소개되었는지는 불확실하다.'[9]

일본의 불교학자들과 그들의 영향을 받은 한국의 불교학자들은 이 견해에 전적으로 동의하지 않는다.[10] 그들은 주로 부파불교와 대승불교 사이의 연관성을 낮게 취급하거나 아무런 연관성이 없다는 것에 강조점을 찍고 있다. 이런 입장 역시 몇 가지 수긍할 부분이 있지만, '아무런 연관이 없다'는 것과 '아직 모른다'는 것은 큰 차이가 있다. 일본 학자 나라 야스아끼는 『붓다의 세계』에서 아무런 연관이 없다며 속인(재가 신자), 즉 우바새優婆塞, Upāsaka의 역할에 주목한다. 그러

9. 같은 책, p. 240.

10. '대승비불설'을 주장했던 일본 학자들의 견해를 우리는 항상 눈여겨볼 필요가 있다. 새로운 연구에 대한 급격한 경향성은 당대의 급진적 사유를 반영한 결과지만 그것이 항상 옳은 것만은 아니고 때로는 그런 주장을 반대함으로써 그 옳음이 성취되기도 한다.

나 앞에서 살펴본 바와 같이 재가 신자 또한 상가의 한 구성원이었으므로 출가자와 비출가자를 나누어 생각하는 것은 광의의 의미에서의 상가와 불일치한다.

어쩌면 거대한 불탑들이 조성되던 시대에 일부의 출가자들이 이러한 시류에서 벗어났을 가능성이 크다. 그들은 '불탑'이라는 세속적인 종교적 상징에는 관심이 없었던 일부 무리로, 자기 나름대로의 불성佛性을 개발하기 좋아하는 자들이었을 것이다. 이들은 나까무라 하지메가 언급한 것처럼, 가우따마 붓다와 같은 '유행 수행자'였을 것이며, 우빠니샤드 시대 이래 인도의 수행자Ṛṣi 전통을 불교 내부에서 실천하는 자들이었을 것이다. 당시의 주류 전통에서 벗어난 또는 반反부파불교적인 성향이 이들의 공통점인 특징이라고 했을 때, 우리는 다시 불교가 가진 '자유사상가'적인 특성을 유념할 필요가 있다.[11] 이런 가설은 당대의 인식론적 입장에서 법상法相(사물)을 분석하던 아비달마 전통에 물든 부파불교의 교조적인 태도를 거부하고, 붓다가 행하던 바대로 실천하고자 하던

11. '구글 검색 엔진이 내 명함'이라는 한역 경전권의 불교 연구로 저명한 찰스 윌레멘(Charles Willemen) 교수와 이 점에 대해 논의한 적이 있었는데, 그는 인도불교는 율장에 근거를 둔 부파불교(Nikāya Buddhism)로, 중국불교는 (소의) 경전불교(Text Buddhism)로 정의했다. 그의 설명에 따르자면, 현재 일본 학자들에게도 대승불교가 불탑 신앙자들에 의해서 출발했다는 주장은 설득력을 잃었다고 한다.

이들이 존재했었을 가능성을 염두에 둔 것이다.

『유마경維摩經, *Vīmalakīrtinirdeśa sūtra*』에서는 바라나시의 장자長者인 비마라끼르띠維摩, Vīmalakīrti가 침묵을 통해 성문·보살들에게 공성에 대해 가르치고 있다. 그러나 이것이 나라 야스아끼가 『붓다의 세계』에서 주장하는 것처럼 부파불교와 대승불교의 연관성이 없는 가운데 재가 신자들로부터 대승불교가 발생했다는 결정적인 증거로 채택될 수는 없다. 왜냐하면 『유마경』이 보이는 재가 수행자의 권위 상승을 당시 불교의 보편적인 현상이라고 주장하기에는 그 근거가 너무 제한적이기 때문이다.

우빠니샤드의 전통에 따라 교조적인 믿음이 아닌 사색적 진리를 추구하고자 하는 사문은 불교도나 비불교도들에게 언제나 존경의 대상이었으므로, 이 '비주류' 수행자들은 거대한 승원이 아니더라도 그들의 지적 활동을 지속할 수 있을 만큼의 최소한의 물질적인 지원을 제공받을 수 있었을 것이다. 개인적인 재물 보시를 받을 수 있었던 이러한 유행 출가자들은 당시의 상가 내에서 매우 특별한 존재들이었을 것이지만, 나라 야스아끼처럼 이들을 굳이 비출가자라고 한정지을 필요는 전혀 없다.[12] 그리고 이 유행 수행자 또는 비주류

12. 현대 일본 학자들의 이와 같은 출가자/비출가자에 대한 스트레스는 어쩌면 메이지 유신 이래 대부분의 승려가 결혼을 해야 되는 풍속이 만연된 이래,

수행자들은 전면적이지는 않지만 자기가 움직이던 지역에 위치한 특정한 부파들과 느슨한 관계를 맺고 있었을 것이다. 만약 그렇지 않았다면, '유행' 자체가 불가능하기 때문이다.

어쩌면 우리는 기존의 한역 경전권에서 이루어진 대승불교의 기원에 대한 연구를 처음부터 다시 생각해 보아야 할 것이다. 한역 경전권에서는 대개 천태지의天太智顗, 538~597의 '오시교판五時敎判' 또는 '교상판석敎相判釋'에 따라 경전들을 분류하는데, 이 연구의 중심에서 약간 벗어난 부분이지만 우리의 '인식의 창'이 역사적으로 어떻게 형성되었는지를 반성적으로 고찰한다는 측면에서, 초기 경전인 『아함경』과 대승불교의 주요 특징인 바라밀다 등을 조금만 더 살펴보자. 천태지의는 인도와 중앙아시아 등지에서 시차를 두고 중국으로 전래된 불경들을 아래와 같이 나눈 바 있다.

	이름	Chi.,	Skt.,	기간
1	화엄華嚴	화엄경華嚴經	Buddhāvaṃsaka mahāvaipulya sūtra	21일
2	녹원鹿園	아함경阿含經	Āgama	12년
3	방등方等	유마경維摩經 승만경勝鬘經	Vimalakīrtinirdeśa sūtra Śrīmalādevi sūtra[13]	8년
4	반야般若	반야경般若經	Mahāprajñāpāramitā sūtra	22년
5	법화法華 열반涅般	법화경法華經 열반경涅般經	Saddharmapuṇḍarīka sūtra Mahāparinirvāṇa sūtra	8년 하루 밤낮

● ●

수행 전통의 불교(출가)보다도 학술 불교(비출가)가 중심이 된 일본불교의 문제에서 파생된 것인지도 모르겠다.

전통적으로 알려진 붓다의 8만 4천에 달하는 가르침을 이와 같이 다섯 시기로 나누는 것이 한역 경전권의 통례이지만 역사적인 배경을 담고 있는 것은 아니다. 그러나 이 구분에 따르자면, 부파불교의 영향이 없는 가운데 보살과 바라밀다의 개념을 논의하는 것이 가능하다. 티벳 삼장에서는 반야부가 두 부분으로 나누어져 있는데,[14] 북경판 '깐귤bka' 'gyur, 佛說部'과 '뗀귤bstan 'gyur, 論疏部'은 다음과 같다.

깐귤 bka' 'gyur vol. 12-21 no. 730-759 총 29경	뗀귤 bstan 'gyur vol. 88-94 no. 5184-5223 총 39 주석서

일반적으로 알려진 것처럼, 깐귤은 경장·율장이고 뗀귤은 논장과 인도 등 각지에서 전래된 여러 잡서들을 포함한 것이다. 북경판 티벳 삼장에 중관부는 뗀귤의 'vol. 95-103, no. 5224-5480'에 포함되어 있다.

일반적인 경우, 오시교판에 따라 누가 어디에서 이 다량의 경전들을 집필하였는지 추적하는 것은 거의 불가능에 가깝다. 다만 집필 지역이 인도를 비롯한 중앙아시아 일대일 가능성이 크다. 예를 들자면, 『화엄경』[15]은 여러 지역에서

13. 『대방등대집경(大方等大集經, *Mahāvaipulya Mahāsaṃnipāta sūtra*)』의 일부다.
14. 난지오 카탈로그, pp. 257~262.
15. 각기 다른 40, 60 그리고 80권에 달하는 경의 크기도 다르다. 보통 '60

집필된 것을 중앙아시아에 집적集積한 것이 중국에 전래되었다고 대부분의 학자들은 인정한다. 또한 한역 대장경을 연구한 학자들에 따르면, 가장 초기의 경전인 『아함경』[16] 도 3세기경까지 집필되었다고 한다. 『아함경』과 빠알리어 경전에 대한 비교도 이루어졌는데 아래와 같다.[17]

No	Chi., 阿含經	Skt., āgama sūtras	Pāli Nikāyas	Pāli vol.	Chi. vol.
1	잡아함경雜阿含經	saṃyukttāgama sūtras	saṃyutta Nikāya	7762	1362
2	중아함경中阿含經	Madhyamāgama sūtras	Majjhima Nikāya	152	224
3	장아함경長阿含經	Dīrghāgama sūtras	Dīrgha Nikāya	34	30
4	증일아함경增一阿含經	Ekottarāgama sūtras	Aṅguttara Nikāya	955	472

화엄'을 제일로 친다고 한다.

16. Nakamura (H.), *Indian Buddhism*, pp. 194~197.

No.	Chi.,	Pāli Nikāyas	역경사	Period
1	잡아함경 雜阿含經	saṃyutta Nikāya	구나발라타 求那跋陀羅, Guṇabhada	420-479
2	중아함경 中阿含經	Majjhima Nikāya	승가제바 僧伽提婆, Gautama saṃghadeva	397-398
3	장아함경 長阿含經	Dīrgha Nikāya	불타야사佛陀耶舍, Buddhayaśas, 축불염竺佛念 공역	412-413
4	증일아함경 增一阿含經	Aṅguttara Nikāya	승가제바 僧伽提婆, saṃghadeva	397-398

17. 난지오 카탈로그(pp. 128~138)와 한글대장경, 『잡아함경』의 「해제」를 바탕으로 만들었다. 또한 익히 알려진 것처럼 인도에서 온 역경사와 역경 시기도 자세하게 언급되어 있다.

『잡아함경』과 『상응부경전』과의 관계 등, 그 밖의 이역들과 자세한 내용은 산스끄리뜨어 경전들이 유실된 지금, 니까야Nikāya와 한역 『아함경』을 살펴보면 『장아함경』을 제외하고 경들의 분량이 매우 다름을 알 수 있다. 『잡아함경』의 경우, 『삼유따니까야*saṃyutta Nikāya*』의 분량에 훨씬 미치지 못한다. 이 경은 유부의 경이고 『증일아함경』은 대중부의 경이라고도 알려졌지만, 경의 길이에 따라 나누어졌다고 보는 게 합당하다. 부파불교의 상가들이 각각의 율장을 갖고 있었다지만, 까쉬미르 유부의 전통을 고스란히 간직한 『아함경』을 통해 이를 논의하는 것은 무의미하고, 주로 경의 길고 짧음으로 나눠진 것이 확실하다. 이채로운 것은 『증일아함경』에 대승불교와 보살의 이름이 종종 등장한다는 점인데, 이것에 대해 본격적인 연구가 아직 진행되지 않은 실정이다. 여기서 우리는 가장 오래된 '전승되어져 온 것'이라는 『아함경』 또한 대승불교가 발생한 이후에도 계속 제작되었다는 점을 유념할 필요가 있다.

이것을 통해 우리는 반야부 경전을 비롯한 『아함경』 등, 기본적인 사료들을 대충이나마 알게 되었다. 이제 육바라밀다를 중심으로 살펴보자.[18]

••

한글대장경, 『잡아함경』의 「해제」, 1~9쪽 참조.

18. 바라밀다(波羅密多, *Pāramitās*, Tib., phar phyin). 산스끄리뜨어 어원을 해자해

No	Chi.,	Skt	Tib.,	Eng.,
1	보시布施	dāna pāramitā	sbyin pa'i phar phyin	Perfection of giving
2	지계持戒	śīla pāramitā	tshul khrims ki phar phyin	Perfection of morality
3	인욕忍辱	kṣānti pāramitā	bzod pa'i phar phyin	Perfection of patience
4	정진精進	vīrya pāramitā	brtson 'grus ki phar phyin	Perfection of effort
5	선정禪定	dhyāna pāramitā	bsam gtan gyi phar phyin	Perfection of concentration
6	지혜智慧	prajñā pāramitā	shes rab kyi phar phyin	Perfection of wisdom

소승불교의 개인적 수행을 위한 계율戒律을 강조하는 지계나 인욕보다 앞선 대승적 사유인 '베풂(보시)'을 강조하고 있음을 여실히 보여주는 이 육바라밀다는 매우 중요한 상징적인 의미를 담고 있다. 왜냐하면 이 지점에 이르러 우리는 이제 율장·논장 중심의 부파불교가 가진 학술 불교적 성향과 완전히 결별하게 되는 전혀 새로운 종류의 불교와 만나게 되기 때문이다. 이제 '베풂'은 스스로의 깨달음을 추구하던 성문승들의 최고 경지인 아라한阿羅漢[19]보다 더 선행된다. 이

보자면, '빠라(*pāra*, 피안)'+'미타[*mitā*, (반대쪽으로) 건너감]' 정도가 된다. Monier-Williams (S. M.), *A Sanskrit-English Dictionary*, p. 619(b-c). 자세한 내용은 Murti (T. R. V.), *The Central Philosophy of Buddhism*, p. 262. 김성철(역), 『불교의 중심 철학』, 486쪽 참조. 흥미로운 점은 앞에서도 언급하였듯이 바라밀다의 개념에서 공간성의 강조가 눈에 띈다는 것이다.

19. 아라한(阿羅漢, *arha(ā)n*, Tib., dgra bcom pa). 원래의 의미는 어원 'arh'에서 파생되었다고 볼 경우, 응공(應供), 즉 '존경받을 가치가 있는 자' 정도가 되겠지만 [Monier-Williams (S. M.), *A Sanskrit-English Dictionary*, p. 93(c)],

육바라밀다가 광범위하게 전파된 후, 거대 사원의 사변철학자들이던 출가 수행자들에게는 다음과 같은 질문이 던져졌을 만하다.

> '우리가 당신들의 공부를 위해 재물 보시를 하는데 당신들은 어떤 종류의 법을 우리에게 가르쳐 줄 것인가?'

거대 승원의 정주자들에게 이것은 대천의 아라한에 대한 질문만큼 골치 아픈 문제였을 것이다. 다른 부파들·힌두 철학파들과의 논쟁에서 결코 패배해서는 안 되는 자신들만의 이론을 발전·정립시켜야 되었고, 다른 한편으로는 재가신자들에게 베풀 가르침도 고민해야 되는 처지가 되었으니 말이다. 티벳 불교에서 빼놓을 수 없는 게룩빠dge lugs pa의 틀을 닦은 고승 쫑카빠는 그의 『근본삼도根本三道, *Lam gtso rnam gsum*』에서 다음과 같이 읊었다.

> '9.[20] (그러나) 사물의 본성[21]을 이해하는 지혜가 없다면

••

어원 'han'에서 파생되었다고 볼 경우, '적을 죽인 자' 즉, 살적(殺賊)이 된다. 같은 책, p. 1287(b~c).] 한역 경전권에서는 주로 전자를, 그리고 티벳 경전에서는 후자로 의역하여 쓰였다. 티벳어에 근거를 둔 영역에서 '(욕망이라는) 적을 죽인 자(foe killer, 또는 foe destroyer)'라고 번역한 것은 후자의 직역에 충실할지는 몰라도 지나친 느낌을 받는다.

출리심과 보리심에 습習이 들어도
윤회계 근본 뿌리를 자를 수 없나니
그러므로 연기를 깨닫는 방법을 추구해야 한다.'[22]

이 게송에서 우리는 쫑카파가 출리심과 보리심bodhicitta[23] 그리고 제일 마지막으로 '완벽한 지혜', 즉 연기Tib., rten 'brel 실상을 깨닫는 지혜인 반야바라밀다를 염두에 두고 있음을 알 수 있다. 법보시의 핵심뿐만 아니라 불교 철학의 핵심은 결국 지혜다!

이 연기실상의 다른 이름인 공에 대해서는 『아함경』에도 아주 드물게 적혀 있는데, 한역 경전권에서 붓다의 10대

• •

20. 근본삼도, 즉 세 가지 가장 근본이 되는 길을 간명하게 언급한 게송으로 유명하다.
21. '사물의 본성(gnas lugs, mode of abiding)'에 대해서는 다음 게송부터 설명하고 있다.
22. Dalai Lama (H. H. XIV), *Four Essential Buddhist Commentaries*, 영문은 p. 16, 그리고 티벳어는 p. 134.

    Tib.,
    gnas lugs rtogs pa'i shes rab mi ldan na//
    nges 'byung byang chub sems la goms byas kyang//
    srid pa'i rtsa ba gcod par mi nus pas//
    de phyir rten 'brel rtogs pa'i thabs la 'bad//

23. '깨닫고자 하는 마음'이라는 뜻을 지닌 '보디찌따(*bodhicitta*)'가 정신적 수행, 즉 보리심(菩提心)의 개발이 자비심으로 대별된 것은 '중생 구제'라는 '보살의 마음' 때문이다. 티벳불교에서는 '깨닫고자 하는 마음'이 강조된다.

제자들인 상좌(장로 또는 성문승)들을 꼽을 때 등장하는 '공을 가장 잘 이해한다'는 해공제일解空第一 수부띠Subhūti, 須菩提[24]가 이를 논하고 있다. 『금강경』을 통해 그가 붓다와 공에 대해 논의하는 것으로 우리에게 친밀하지만, 사실 수부띠라는 이름이 다른 상좌들과 비교하여 다만 두어 차례 등장하는 것으로 미루어 보아, 공성을 강조하던 몇몇이 그를 '창조'했을 가능성이 크다.

『아함경』뿐만 아니라 반야부 경전들에서는 지혜제일知慧第一로 알려진 샤리뿌뜨라가 가장 빈번히 등장하는데,[25] 반야부 경전들에서는 관자재보살에게 최고의 지혜에 대해 묻는 것으로 나와 있다. 대승 경전들 가운데 가장 먼저 '마하야나Mahāyāna', 즉 소승과 대비되어 스스로를 '큰 법의 수레바퀴를 굴리는 자들의 경'이라고 쓴 것은 『8천 반야경八千般若經, *Aṣṭasāhasrikā Prajñāpāramitā sūtra*』[26]이라고 일반적으로 불교학계에서는 인정하는데, 여기서는 물론 가장 중요한 개념인 공성을 전면에 내걸고 있다. 비록 우리가 반야부 경전들의 집필 시기와 집적 시기의 정확한 연대를 알 수 없지만, 한 가지 확실한

24. 수부띠(Subhūti, Tib., rab 'byor)라는 이름 자체가 '잘 깨달은 자' 또는 '잘 아는 자'란 뜻으로 한자 이름은 음역이고 의역은 善現, 善吉 또는 善業이다.
25. 『한국불교대사전』 Ⅲ, 799(b)~800(a)쪽.
26. 비록 『8천 반야경』이 가장 초창기의 대승 경전이라고 해도 현재와 같은 형태로 집적된 것과 초기의 사유는 동일하지 않았을 것이다.

것은 공성을 강조하는 이와 같은 반야부적인 사유는 용수의 생몰 연대[27]보다 앞선다는 점이다. 또한 대중부에서 대승불교가 발생하였는지 또는 유행 수행자들에 의해 발전했는지 명확한 결론을 내릴 수는 없지만, 용수의 생몰 연대 전후는 전체 불교 역사에서 하나의 전기를 이루고 있다. 왜냐하면 그는 불교 논서에서 가장 먼저 자신의 이름을 전면에 내걸었던 저자이기 때문이다.[28] 나중에 다시 자세히 살펴볼 것이지만, 티벳 전통에서는 '딴뜨릭 용수'가 등장하여 그의 생몰 연대에 혼란을 일으키고 있다. 이것은 그의 명성을 차용한 일군의 무리들이 1백여 권에 달하는 밀교蜜教, Tantric Buddhism 서적들을 집필하고 그것들이 모두 용수의 저작들이라고 적어두었기 때문에 발생한 문제다. 이런 요소들을 제거하고 '중관사상의 창시자'인 용수의 전기에서 흥미로운 점은 그의 사망 이유[29]인데, 이것은 타클라마칸 사막의 오아시스 왕국인 쿠차에서 중국으로 왔던 꾸마라지바鳩摩羅什, Kumārajīva,

27. 불교학계에서는 일반적으로 150~250년으로 간주한다.
28. 남인도에서 용수가 있었다면 북인도에서는 마명이 있었다. 이 둘의 공통점은 모두 왕가와 밀접한 관계를 맺고 있었다는 점 등 몇 가지를 꼽을 수 있겠지만, 마명은 논사라고 보기보다 불전 문학가라는 게 더 합당할 듯싶다.
29. 그의 죽음에 대해서는 조쉬(L. M. Joshi)가 자세히 살펴본 적이 있다. Rinpoche (S.), ed., *Madhyamika Dialectic and the Philosophy of Nagarjuna*, "The Legend of Nāgārjuna's Murder," pp. 166~168 참조.

344~413의 한역 『용수보살전』에도 등장한다. 이 점에 대해서는 다음 장에서 자세히 살펴보기로 하고 일단은 '중관의 용수'를 있게 한 반야부부터 논의해 보자.

용수에 대한 티벳과 한역 전기의 공통점은 그가 붓다의 숨겨진 가르침인 반야부 경전들을 용왕大龍에게서 얻었다는 것이다. 여기서 먼저 관심을 끄는 것은 나중에 자세히 살펴볼 공성을 언급한 반야부 경전의 내용보다 '나가nāga, 한역의 龍'의 등장이다. 불교의 세계관, 즉 윤회하는 세계인 삼사라Samsara의 삼계三界; 欲界·色界·無色界 · 육도六道, 신·아수라·인간·축생·아귀·지옥 중생에서 '나가'는 인간 밑에 위치해 있는 축생계의 그저 '큰 뱀大蛇'일 뿐이다.

이 '나가'라는 길쭉한 동물이 반야부라는 새로운 형태의 경전과 관련을 맺게 된 것은 『아함경』을 비롯한 부파불교 시대의 모든 경전과 불전 문학에 상위의 중생들인 신·아수라·인간이 두루 등장하고 있어 참신한 그 무엇이 요구되었기 때문일 것이다. 사실 이 '나가'의 등장은 드라비다Dravida 문명의 남인도인들이 갖고 있던 뱀에 대한 경외라는 이질적인 요소가 불교 내부로 스며들어 왔음을 상징한다.[30] 몇몇의 학자들은 이와 비슷한 견해를 갖고 있는데, 낸시 맥캐그니

30. 나까무라 하지메는 중인도 마투라 지역에서 이 뱀의 근거를 찾고 있는데 이것에 대해서는 좀 더 깊은 연구가 필요하다.

Nancy McCagney는 콘쩨의 글을 인용한 뒤에 다음과 같이 적고 있다.

'대승불교의 발생은 충분이 이해되지 않았다. 30년 이상 대승불교의 발생과 관련된 반야부 경전들을 연구한 에드워드 콘쩨 교수는 "좀 더 모계적인matriarchal 드라비다 사회의 모신母神, mother-goddess 풍조가 신앙의 불교 속으로 유입"된 것처럼 그것들은 남인도에서 기원했으며, 불교를 보편 종교로 만들었다고 믿고 있다.'[31]

그녀는 콘쩨의 『불교 연구 30년Thirty Years of Buddhist Studies』에 나오는 이 대목을 염두에 두고 있다.

'만약, 내가 믿는 것처럼, 반야 바라밀다가 남인도에서 발생했다면, 그것은 그것이 발생했던 좀 더 모계적인matriarchal 드라비다 사회의 모신母神, mother-goddess 풍조가 신앙의 불교 속으로 유입된 것임을 나타내는 것이다.'[32]

이 부분에 그는 주석[33]을 붙였는데, 내용의 요지要旨는 반야

31. McCagney (N.), *Nāgārjuna and the Philosophy of Openness*, p. 19.
32. Conze (E.), *Thirty Years of Buddhist Studies*, p. 125.

바라밀다, 즉 완벽한 지혜, 공성에 대한 사유가 비아리안 문명권인 남인도에서 출발했다는 점이다. 여기서는 '나가'라는 이 동물의 등장이 기존의 『아함경』과 불전 문학과는 전혀 다른 형태의 반야부를 상징하고 있다는 점만을 강조하려고 하지만 반야부가 당대의 변방인 남인도에서 발생했다는 주장은 매우 타당하다.

기존의 한역 경전권의 인도불교사 연구에서 간과했던 바는, 또는 콘쩨의 주장에 동조하는 것을 방해했던 것은 중국인들의 용龍에 대한 상상력이다.[34] 원래의 '큰 뱀'이던 '나가'는 한역되는 과정에서 용으로 둔갑했는데, 용은 말의 머리·사슴의 뿔·뱀의 몸통·닭의 발톱으로 구성된 상상 속의 동물로, '천하가 물에 잠기'는 것을 두려워하던 중국 황하 지역의 한족들에게 비를 뿌리는 공포의 대명사로 이후 황제의 권위

• •

33. 같은 책, 주석 2 참조.

'라모트(E. Lamotte)는 (Sur la formation du Mahāyāna, in *Asiatica*, 1954)에서 서북 기원설을 주장했으나, 나는 그의 주장이 증명되지 않았다고 생각하며, 나의 반론을 위해서는 나의 반야부 문학(*The Prajñāpāramitā Literature*, 1960)을 반드시 참조해야 할 것이다.'

그리고 같은 책, p. 15 참조.

'전통적인 관점, 즉 대승불교가 남인도에서 기원했다는 것은 상대적으로 서북인도나 북부 데칸에서 기원했다는 것을 주장하기를 원하는 라모트와 바로(A. Bareau)에 의해 도전받았다(challenged). 그러나 이 문제에 대한 결정적 결론은 아직 미성숙 단계에 있다.'

34. 용에 대한 중국인들의 사유는 『하상(河傷)』(동문선, 1989)에 따랐다.

를 상징하게 되었다. 그러나 원래의 '나가'는 중국식 용도 아니고 영어의 '드래건dragon'도 아닌 그저 '큰 뱀'일 뿐이다. '나가'가 용으로 한역되었을 때, 뱀이라는 원래의 이미지보다 좀 더 성스러운 또는 비밀스러운 모양새가 자연스럽게 갖추어지게 되었으니 반야부 경전들의 집필자들이 계획했던 것보다 훨씬 긍정적인 효과를 나았던 셈이다. 어찌 되었든 이 '나가'의 등장 자체만으로도 남인도의 샤머니즘적인 요소가 불교 내부로 스며들어 왔음을 주지해야 한다.

비록 반야부가 남인도에서 출발했을 가능성이 크지만 대승불교의 두 특징인 자비와 지혜(보살의 마음 즉, 보리심과 반야 바라밀다)에 대한 고민은 동시다발적으로 일어났을 가능성이 크다. 좀 더 정확하게 이야기하자면, 보살에 대한 고민은 초기 부파불교와 불전 문학에서부터 시작되었을 것이다. 맨 처음 불교가 전파된 서북인도에서는 불전 문학과 형이상학적 접근을 통해 보살에 대한 좀 더 체계화된 사유로 정리된 반면, 남인도에서는 외적인 요소들에 의해 공에 대한 탐구가 이루어졌다고 볼 수 있다. 어쩌면 이 두 가지 다른 개념들이 한 지역의 각기 다른 그룹들에 의해서 동시다발적으로 발생했을 가능성도 있다. 그리고 논사論師들을 중심으로 한 보살의 개념 정립과 이에 대한 반대급부로 초월적 존재로서의 보살에 대한 믿음이 한 지역의 각기 다른 그룹들에 의해서 이루어졌을 가능성 또한 완전히 배제할 수 없다.

여기서 우리는 좀 더 체계화된 이론을 구축하는 대신에 이 문제를 미완의 과제로 남겨둘 수밖에 없다. 다만 '대승비불설'처럼, 일본 학자들의 '불탑 신앙자'에 의해서 대승불교가 출현했다는 주장은 문제가 많다는 점만 유념하자. 불확실한 근거를 통해 도출한 결론 또한 의미 있지만 그 결론이 불확실하다는 것을 지적하는 것 또한 의미 있는 일이다.

비록 훨씬 이후지만 반야부의[35] 사상을 총합하여 정리한 반야 바라밀다, 즉 완벽한 지혜를 설명하는 『반야심경』에서는 관자재보살Avalokiteśara, 반야 바라밀다, 그리고 '지혜 제일' 샤리뿌뜨라[36]를 등장시켜 아비달마적인 불교 현상학 또는 불교 범주론을 강력하게 비판하면서 이 모든 것을 공이라고 주장하고 있다. 확증할 수는 없지만 초창기 공 사상은 반형이상학적인 사유를 강조하기 위해 무의식적으로 사용되었을 것이다. 그리고 이후에 반야부 경전들에서뿐만 아니라 거의 모든 대승 경전들에서 가장 보편적인 개념으로 정착되었을

35. 반야부 경전들을 조사한 콘쩨는 약 40종이 있다고 했으나 이것은 딴드라의 염송(mantra)을 포함한 것이고 한역 대장경에는 총 27종이 포함되어 있다. 그러나 난지오 카탈로그에는 22종만 기록되어 있다. 가장 오래된 것으로 간주되는 『8천 반야경(*Aṣṭāsāhaśrikā Prajñāpāramitā sūtras*)』은 약 기원 전후 100년 사이(B. C. 50 to 50)에 제작된 것으로 불교학계에서는 보고 있다.
36. 실제로 『아함경』에서 아비달마를 주로 강의하는 이는 다름 아닌 '샤리뿌뜨라'이다.

것이다. 초월적 존재인 붓다와 보살이 강조되면, 형이상학적 분석을 통해 붓다의 가르침에 접근하려는 당시의 부파불교의 고승들의 위치는 그만큼 좁아지게 되는데, 이런 고승들이 존재하기 힘들었던 변방에서 이미 유행하고 있던 샤머니즘의 신비주의적 영향을 자연스럽게 받아들이면서 자신들의 지적 수준에 맞게 불교를 변형시키던 와중에 공 사상은 탄생했을 것이다. 이런 다양한 이질적인 요소들, 선정주의·신비주의·초월주의·비합리주의 등과 뒤섞이며 불교는 변해왔다. 이런 속성 때문에 불교는 각 지역의 고유문화를 흡수하면서 충돌보다는 융합을 이루며 전파되었다. 여기서 우리는 최소한 반야부의 공이라는 개념이 이후 중관부를 통해 '고통에서의 해방'이라는 붓다의 기본적인 가르침에 대한 좀 더 근본적인 해결의 실마리를 제공해 주었다는 점을 공유할 필요가 있다.

대승불교의 특징적인 요소를 분석하는 것을 마치고[37] 다음 장을 시작하기 전에 우리는 지금까지 좌충우돌식으로 다루어왔던 초기 불교에 대한 다양한 문제들이 아직도 안개에

37. 앞에서 언급한 두뜨 교수의 소승불교와 구별되는 대승불교의 특징 가운데 (i) 보살에 대한 개념, (ii) 바라밀다(波羅蜜多)의 수행, (iii) 보리심의 개발까지 대충 다룬 셈이다. 개인적으로 '(iv) 정신 작용의 십지(十地)'에 대해서는 대승불교가 정착된 훨씬 이후에 파생한 개념이라 보기에 크게 다루지 않았다. 이것은 이후 본문에 두루 걸쳐 나올 것이다.

쌓여 있듯 남아 있다.[38] 그러나 '알지 못하는 것unknown thing'이 '알 수 없다cannot know'는 것을 뜻하는 것이 아니며, 어떤 정의가 내포하고 있는 그릇된 오해를 뜻하는 것도 아님을 상기할 필요가 있다. 체르밧스키는 용수의 생몰 연대의 전후를 다음과 같이 정의했다.

'다음과 같은 시기들로 대승불교의 철학적 발전을 특징지울 수 있을 것이다:

(1) 서기 1세기－대승불교의 발생－마명馬鳴에 의해서 아라야식과 여성如性, tathatā이 인정됨.

(2) 서기 2세기－보편적 상대성śūnyatā이 용수와 아리아데바에 의해서 고안됨.

… ….'[39]

38. 최근에 들어와서 대승 경전들의 제작자들과 불전 문학가들 사이의 관계에 대해 고민하기 시작했으나 이 문제를 여기서 다루기에는 아직도 너무 벅차다.

39. Stcherbatsky (T), *The Conception of Buddhist Nirvāṇa* , p. 77. 개인적으로 『대승기신론』의 저자가 마명이라는 설에 반대한다. 그것은 바로 이 아라야식을 너무 앞에다 '끼워 넣기'를 한 것 때문이다. 나까무라 하지메는 '명확하게' 반대하지는 않지만 이 논의를 따르는 것을 '주저'하고 있다. 그는 다른 학자의 주장을 따라 이것이 무착(無着, Asaṅga)의 저술일 것이라고 언급하고 있다. Nakamura (H.), *Indian Buddhism*, p. 232 참조. 앞으로 구체적인 연구가 필요하겠지만, 아마도 이 저작은 최초의 반야부와 유식학을 결합하려던 일군의 무리들이 적은 '론(論)'이 아닌가 한다.

마명과 용수의 생몰 연대에 대한 전통적인 기록들을 구할 수 있는 것은 확실하지만 우리가 체르밧스키의 방식을 곧이곧대로 따르면 많은 점을 놓치게 된다. 익히 잘 알려져 있다시피, 마명은 북인도 꾸샤나 왕국의 장관이었으며, 용수는 남인도 샤따바하나Śātavāhana 왕조의 가우따미뿌뜨라 샤따까르니Gautamīputra Śātakarṇī 왕을 보필했다. 체르밧스키는 인도 아대륙을 하나의 공간으로 설정하고 불교의 연대기적인 발전을 다루었지만, 인도 아대륙의 크기를 유념하고 또한 당시 교통 상황을 고려해 본다면, 이 남북의 2천여 킬로미터의 거리를 한 공간으로 다루기에는 너무나 광대하다는 점을 인정하지 않을 수 없다. 대부분의 불교학자들이 취하는 인도 아대륙을 동일한 공간으로 상정하고 지역적 차이를 고려하지 않은 채 다루려는 자세는 매우 위험하다. 불전 문학의 대표적인 저자인 마명을 철학자로 간주하려는 것도 문제다. 그리고 '중관파'의 시조인 용수는 불전 문학에 어떠한 관심도 기울이지 않았다. 『대승기신론』의 '끼워 넣기'를 고려하지 않았던 체르밧스키는 불전 문학과 철학이라는 이 두 가지 주제를 평면적으로 다루고 있는데, 철학의 문제만 다루어도 역시 문제다. 유식학을 중심으로 불교 철학을 설명하는 현대의 학자들이 그들의 가장 중요한 개념 중의 하나인 아리야식阿梨耶

識, *ālaya vijñāna*이 이미 1세기경 마명에 의해 정리되었다는 점을 어떻게 생각할 것인지도 상당한 관심거리이다. 아라야식은 전오식前五識, 의식意識 또는 第六意識, *saḍ vijñāna*, 마라식末那識, *mano vijñāna*을 거쳐 이뤄진 일체종자식一切種子識, *sarvabījaka vijñāna*으로, 이 개념은 훨씬 이후 초기 유가행 유식파의 시대에 정립된 것이라 봐야 마땅하다. 불교 철학사를 포함한 전체 인도철학사를 다룰 때마다 마주치는 이와 같은 '끼워 넣기'를 간과하면 역사는 점점 더 앞으로 소급될 뿐이다.

중관파에서의 이 '끼워 넣기' 문제의 대표적인 예로는 한역 경전권의 중관사상 연구에서 빠질 수 없는 용수가 지었다고 알려진 『대지도론大智道論, *Mahāprajñāpāramitā upadeśa śāstra*』[40]을 꼽을 수 있다. 나까무라 하지메는 다음과 같이 지적했다.

> '한역만 존재하며 1백 권이며 꾸마라지바에 의해 번역되었다. 이것은 대반야경*Mahāprjñāpāramitā sūtra*에 대한 방대한 주석서다. 이 저작은 너무 커서 전체가 아니라 다만 축약본만 번역되었다. 이것은 단지 주석서가 아니라 십지경*Daśabhūmi*과 무진의경無盡意經, *Akṣayamati-sūtra*에 근거를 둔 용수의 자기 사유와 수행을 하기 위한 논서다.

40. K-549(14-493). T-1509(25-57). 구라마습 역, 총 100권, 402-405.

이 저작의 원저자에 대해 고려해 보면, 의심스러운 점들이 있다. 이 저작은 이후 중국과 일본불교에서 매우 중요하게 간주되었다. 경전들로부터 많은 인용문들이 있으며, 이 저작은 MK보다 이후에 저술된 것처럼 보인다. 중요한 많은 철학적인 문제들을 포함하고 있다.[41]

한국 불교도에게도 친밀한 『대지도론』에 대해 일찍이 벤까따 라마난K. V. Ramanan이[42] 한역을 바탕으로 연구한 적이 있다. 그러나 이 저서의 원저자가 누구냐 하는 문제는 약간 다른 것으로, 비록 중관파를 비롯한 대승불교도의 입장을 이해하는 것에 매우 중요한 내용들을 포함하고 있다지만, (유식파의 백과사전이 『유가사지론』이라면 중관파의 백과사전은 『대지도론』이라고 불러도 손색이 없다.) 이 논서에는 이후에 발전된 개념들이 논의되고 있는 점으로 미루어 보아 후대의 위작일 가능성이 크다. 사실 꾸마라지바 자신이 편저자일 가능성이 농후하다. 만약 우리가 그것이 '오랜 전통에 따른 것'이라고 해서 무비판적으로 수용한다면, 용수처럼

41. Nakamura (H.), *Indian Buddhism*, pp. 239~240. 『대지도론』의 이 문제에 대해서는 정승석 (편저), 『고려대장경해제』 I, 368~370쪽 참조.

42. Ramanan (K. V.), *Nāgārjuna's Philosophy as Presented in the Mahā-Prajñāpāramitā-Śāstra.*

지나칠 정도로 비판적인 인물이 한편으로는 모든 구성적 범주들을 부정하고, 다른 한편으로는 그것들을 모두 인정하는 이상한 모습만 보게 될 것이다.

지금까지 다룬 것은 부파불교 시대에 다양한 이유로 인해 제諸 개념에 대한 범주화와 분석을 시도한 아비달마 불교의 성립과 이것에 반대하여 발흥한 남인도 반야부의 공 사상에 기반하여 용수의 '사구부정'과 '통렬한 비판주의trenchant criticism'가 수립되었다는 사실을 언급하기 위해서였다. 여기서는 중관사상을 중심으로, 그 이전의 불교사를 간략하게 다루고 있지만, 불교는 오직 중관사상을 통해서만 발전하지 않았으며, 전인도 아대륙에 걸쳐 이루어진 불전 문학과 다양한 경의 제작 그리고 여타의 부파불교의 영향 아래에서 발전했다는 점 등을 간과해서는 안 된다. 반야부의 영향으로 가우따마 붓다의 가르침을 분석적 접근으로 이해하는 것을 반대하던 비판적 사유가 용수가 태어나고 자란 남인도에서 유행하였다는 것을 인정할 수 있다면, 우리는 이제 용수 이전의 시대적 상황을 조금이나마 정리할 수 있게 된 셈이다.

3. 『반야심경』 판본들

3-1. 산스끄리뜨어 저본 『반야심경』

प्रज्ञापारमिताहृदयसूत्रम्

एवम् मया श्रुतम्। एकस्मिन् समये भगवान् राजगृहे विहरति स्म गृध्रकूटे पर्वते महता भिक्षुसंघेन सार्धं महता च बोधिसत्त्वसंघेन। तेन खलु समयेन भगवान् गम्भीरावसम्बोधं धर्मपर्याय। नाम समाधिं समापन्नः। तेन च समयेन आर्यावलोकितेश्वरो बोधिसत्त्वो महासत्त्वो गम्भीरायां प्रज्ञापारमितायां चर्यां चरमाणः एवं व्यवलोकयति स्म। पञ्च स्कन्धांस्तांश्च स्वभावशून्यं व्यवलोकयति।

अथायुष्मान् शारिपुत्रो बुद्धानुभावेन आर्यावलोकितेश्वरं बोधिसत्त्वमेतद् अवोचत्-यः कश्चित् कुलपुत्रो वा कुलदुहिता वा गम्भीरायां प्रज्ञापारमितायां चर्यां चर्तुकामः, कथं शिक्षितव्यः? एवमुक्ते आर्यावलोकितेश्वरो बोधिसत्त्वो महासत्त्वः आयुष्मन्तं शारद्वतिपुत्रमेतदवोचत-यः कश्चिच्छारिपुत्र कुलपुत्रो वा कुलदुहिता वा गम्भीरायां प्रज्ञापारमितायां चर्यां चर्तुकामः, तेनैवं व्यवलोकितव्यम्-पञ्च स्कन्धांस्तांश्च स्वभावशून्यान् समनुपश्यति। रूपं शून्यता, शून्यतैव रूपम्। रूपान्न पृथक् शून्यता, शून्यताया न पृथग् रूपम्। (यद्रूपा सा शून्यता या शून्यता तद्रूपम्[3]) एवं वेदना-संज्ञा-संस्कार-विज्ञानानि च शून्यम्[4]। एवं शारिपुत्र सर्वधर्माः शून्यतालक्षणा अनुत्पन्ना अनिरुद्धा अमला अविमला[5] अनूना असंपूर्णाः। तस्मात्तर्हि शारिपुत्र शून्यतायां न रूपम्, न वेदना, न संज्ञा, न संस्काराः, न विज्ञानम्। न चक्षुर्न श्रोत्रं न

---

1 (धर्मपर्याय) इति दरभङ्गासंस्करणे नास्ति।

2 शारिपुत्र दरभङ्गा संस्करणे।

3 यद्रूपा सा शून्यता या शून्यता तद्रूपम् दरभङ्गासंस्करणे।

4 शून्यता दरभङ्गासंस्करणे।

5 विमला-दरभङ्गा संस्करणे।

घ्राणं न जिह्वा न कायो न मनो न रूपं न शब्दो न गन्धो न रसो न स्प्रष्टव्यं न धर्माः। न चक्षुर्धातुर्यावन्न मनोधातुर्न मनोविज्ञानधातुः (न धर्मधातुः)[1] । नविद्या[2] नाविद्या न क्षयो यावन्न जरामरणं न जरामरणक्षयः। तथैव न दुखसमुदयनिरोधमार्गा न ज्ञानं न प्राप्तिर्नाप्राप्ति । तस्माच्छारिपुत्र अप्राप्तित्वेन बोधिसत्त्वानां प्रज्ञापारमिताश्रित्य विहरति (चित्तावरणः)[3] । चित्तावरणनास्तित्वाद् अत्रस्तो विपर्यासातिक्रान्तो निष्ठनिर्वाणः । त्र्यध्वव्यवस्थिताः सर्वबुद्धा अपि[4] प्रज्ञापारमितामाश्रित्य अनुत्तरां सम्यक्सम्बोधि-मभिसम्बुद्धाः । तस्माद् (ज्ञातव्यः)[5] प्रज्ञापारमितामहामन्त्रः महाविद्या मन्त्रः [6]अनुत्तरमन्त्रः असमसमन्त्रः सर्वदुःखप्रशमनमन्त्रः, सत्यम् अमिथ्य-त्वात् प्रज्ञापारमितायामुक्तो मन्त्रः । तद्यथा- **गते गते पारगतेपारसंगते बोधि स्वाहा**। एवं शारिपुत्र गम्भीरायां प्रज्ञापारमितायां चर्यायां शिक्षितव्यं बोधिसत्त्वमहासत्त्वेन[7]।

अथ खलु भगवान् तस्मात्समाधेर्व्युत्थाय आर्यावलोकितेश्वरस्य बोधिसत्त्वमहासत्त्वस्य[8] साधुकारमदात्-साधु साधु कुलपुत्र, एवमेतद् कुलपुत्र, एवमेतद् गम्भीरायां प्रज्ञापारमितायां चर्यं चर्तव्यं यथा त्वया निर्दिष्टम्। अनुमोद्यते तथागतैः[9]

---

1 (न धर्मधातुः) दरभङ्गासंस्करणे।

2 न विद्या। दरभङ्गासंस्करणे।

3 (चित्तावरणं) दरभङ्गासंस्करणे।

4 सर्वबुद्धा। दरभङ्गासंस्करणे।

5 (ज्ञातव्यः) दरभङ्गासंस्करणे।

6 महाविद्यामन्त्रः। दरभङ्गासंस्करणे नास्ति।

7 बोधिसत्त्वेन। दरभङ्गासंस्करणे।

8 बोधिसत्त्वस्य-दरभङ्गासंस्करणे।

9 तथागतैरर्हद्भिः-दरभङ्गा संस्करणे।

इदमवोचद्भगवान् । (आनन्दमना)[1] आयुष्मान् शारद्वतिपुत्र[2] आर्यावलोकितेश्वरश्च बोधिसत्त्वमहासत्त्वः[3] सा च सर्वावती परिषत् सदेवमानुषासुरगन्धर्वश्च लोको भगवतो भाषितमभ्यनन्दन्।

इति प्रज्ञापारमिताहृदयसूत्रं समाप्तम्।*

*

---

1 (आनन्दमना) दरभङ्गा संस्करणे।

2 शारिपुत्र – दरभङ्गा संस्करणे।

3 बोधिसत्त्व। दरभङ्गा संस्करणे।

* इदं प्रज्ञापारमिताहृदयसूत्रं मिथिलासंस्थान–दरभंगातः प्रकाशितान् महायानसूत्रसंग्रहस्य प्रथमखण्डतो गृहीतः। संक्षिप्त–मातृका–प्रज्ञाहृदयसूत्रम्। विस्तरमातृकाप्रज्ञापारमिताहृदयसूत्रयोरिदं विस्तरमातृकाप्रज्ञापारमिताहृदयसूत्रम् इति।

3-2. 산스끄리뜨어 반야심경 Unicode본

evaṃ mayā śrutam|

ekasmin samaye bhagavān rājagṛhe viharati sma gṛdhrakūṭe parvate mahatā bhikṣusaṃghena sārdhaṃ mahatā ca bodhisattvasaṃghena|

tena khalu samayena bhagavān gambhīrāvasaṃbodhaṃ nāma samādhiṃ samāpannaḥ| tena ca samayena āryāvalokiteśvaro bodhisattvo mahāsattvo gambhīrāyāṃ prajñāpāramitāyāṃ caryāṃ caramāṇaḥ evaṃ vyavalokayati sma| pañca skandhāṃstāṃśca svabhāvaśūnyaṃ vyavalokayati||

athāyuṣmān śāriputro buddhānubhāvena āryāvalokiteśvaraṃ bodhisattvametadavocatyaḥ kaścit kulaputro [vā kuladuhitā vā asyāṃ] gambhīrāyāṃ prajñāpāramitāyāṃ caryāṃ cartukāmaḥ, kathaṃ śikṣitavyaḥ? evamukte āryāvalokiteśvaro bodhisattvo mahāsa- ttvaḥ āyuṣmantaṃ śāriputrametadavocat–

yaḥ kaścicchāriputra kulaputro va kuladuhitā vā [asyāṃ] gambhīrāyāṃ prajñāpāramitāyāṃ caryāṃ cartukāmaḥ, tenaivaṃ vyavalokitavyam–pañca skandhāṃstāṃśca svabhāvaśūnyān samanupaśyati sma| rūpaṃ śūnyatā, śūnyataiva rūpam| rūpānna pṛthak śūnyatā, śūnyatāyā na pṛthag rūpam| yadrūpaṃ sā śūnyatā, yā śūnyatā tadrūpam|

evaṃ vedanāsaṃjñāsaṃskāravijñānāni ca śūnyatā| evaṃ śāriputra sarvadharmāḥ śūnyatālakṣaṇā anutpannā aniruddhā amalā vimalā anūnā asaṃpūrṇāḥ|

tasmāttarhi śāriputra śūnyatāyāṃ na rūpam, na vedanā, na saṃjñā, na saṃskārāḥ, na vijñānam, na cakṣurna śrotraṃ na ghrāṇaṃ na jihvā na kāyo na mano na rūpaṃ na śabdo na gandho na raso na spraṣṭavyaṃ na dharmaḥ| na cakṣurdhāturyāvanna manodhāturna dharmadhāturna manovijñānadhātuḥ|

na avidyā nāvidyā na kṣayo yāvanna jarāmaraṇaṃ na jarāmaraṇakṣayaḥ, na duḥkhasamudayanirodhamārgā na jñānaṃ na prāptirnāprāptiḥ|

tasmācchāriputra aprāptitvena bodhisattvānāṃ prajñāpāramitāmāśritya viharati cittāvaraṇaḥ| cittāvaraṇanāstitvādatrasto viparyāsātikrānto niṣṭhanirvāṇaḥ| tryadhvavyavasthitāḥ sarvabuddhāḥ prajñāpāramitāmāśritya anuttarāṃ samyaksaṃbodhimabhisaṃbuddhāḥ| tasmād jñātavyaḥ prajñāpāramitāmahāmantraḥ anuttaramantraḥ asamasamamantraḥ sarvaduḥkhapraśamanamantraḥ satyamamithyatvāt prajñāpāramitāyāmukto mantraḥ| tadyathā gate gate pāragate pārasaṃgate bodhi svāhā| evaṃ śāriputra gambhīrāyāṃ prajñāpāramitāyāṃ caryāyāṃ śikṣitavyaṃ bodhisattvena||

atha khalu bhagavān tasmātsamādhervyutthāya āryāvalokiteśvarasya bodhisattvasya sādhukāramadāt– sādhu sādhu kulaputra| evametat kulaputra, evametad gambhīrāyāṃ prajñāpāramitāyāṃ caryaṃ cartavyaṃ yathā tvayā nirdiṣṭam| anumodyate tathāgatairarhadbhiḥ||

idamavocadbhagavān| ānandamanā āyuṣmān śāriputraḥ āryāvalokiteśvaraśca bodhisattvaḥ sā ca sarvāvatī pariṣat sadevamānuṣāsuragandharvaśca loko bhagavato bhāṣitamabhyanandan||

iti prajñāpāramitāhṛdayasūtraṃ samāptam|

3-3. 산스끄리뜨어 반야심경 HK(Harvard-Kyoto)본

evaM mayA zrutam|

ekasmin samaye bhagavAn rAjagRhe viharati sma gRdhrakUTe parvate mahatA bhikSusaMghena sArdhaM mahatA ca bodhisattva-saMghena|

tena khalu samayena bhagavAn gambhIrAvasaMbodhaM nAma samAdhiM samApannaH| tena ca samayena AryAvalokitezvaro bodhisattvo mahAsattvo gambhIrAyAM

prajJApAramitAyAM caryAM caramANaH evaM vyavalokayati sma| paJca skandhAMstAMSca svabhAvazUnyaM vyavalokayati||

athAyuSmAn zAriputro buddhAnubhAvena AryAvalokitez-varaM bodhisattvametadavocatyaH kazcit kulaputro [vA kula-duhitA vA asyAM] gambhIrAyAM prajJApAramitAyAM caryAM cartukAmaH, kathaM zikSitavyaH? evamukte AryAvalokitezvaro bodhisattvo mahAsattvaH AyuSmantaM zAriputrametadavocat–

yaH kazcicchAriputra kulaputro va kuladuhitA vA [asyAM] gambhIrAyAM prajJApAramitAyAM caryAM cartukAmaH te-naivaM vyavalokitavyam–paJca skandhAMstAMzca svabhAvaz-UnyAn samanupazyati sma| rUpaA zUnyatA, zUnyataiva rUpam| rUpAnna pRthak zUnyatA, zUnyatAyA na pRthag rUpam| yadrūpaM sA zUnyatA, yA zUnyatA tadrUpam|

evaM vedanAsaMjJAsaMskAravijJAnAni ca zUnyatA| evaM zAriputra sarvadharmAH zUnyatAlakSaNA anutpannA aniruddhA amalA vimalA anUnA asaMpUrNAH|

tasmAttarhi zAriputra zUnyatAyAM na rUpam, na vedanA, na saMjJA, na saMskArAH, na vijJAnam, na cakSurna zrotraM na ghrANaM na jihvA na kAyo na mano na rUpaMna zabdo na gandho na raso na spraSTavyaM na dharmaH| na cakSurdhAtury-Avanna manodhAturna dharmadhAturna manovijJAnadhAtuH|

na avidyA nAvidyA na kSayo yAvanna jarAmaraNaM na jarAmaraNakSayaH, na duHkhasamudayanirodhamArgA na jJ-AnaM na prAptirnAprAptiH|

tasmAcchAriputra aprAptitvena bodhisattvAnAM prajJApAramitAmAzritya viharati cittAvaraNaH| cittAvaraNanAstitvAdatrasto viparyAsAtikrAnto niSThanirvANaH| tryadhvavyavasthitAH sarvabuddhAH prajJApAramitAmAzritya anuttarAM samyaksaMbodhimabhisaMbuddhAH| tasmAd jJAtavyaH prajJApAramitAmahAmantraH anuttaramantraH asamasamamantraH sarvaduHkhaprazamanamantraH satyamamithyatvAt prajJApAramitAyAmukto mantraH| tadyathA gate gate pAragate pArasaMgate bodhi svAhA| evaM zAriputra gambhIrAyAM prajNpAramitAyAM caryAyAM zikSitavyaM bodhisattvena||

atha khalu bhagavAn tasmAtsamAdhervyutthAya AryAvalokitezvarasya bodhisattvasya sAdhukAramadAtsAdhu sAdhu kulaputra| evametat kulaputra, evametad gambhIrAyAM prajJApAramitAyAM caryaM cartavyaM yathA tvayA nirdiSTam| anumodyate tathAgatairarhadbhiH||

idamavocadbhagavAn| AnandamanA AyuSmAn zAriputraH AryAvalokitezvaraSca bodhisattvaH sA ca sarvAvatI pariSat sadevamAnuSAsuragandharvazca loko bhagavato bhASitamabhyanandan||

iti prajjApAramitAhRdayasUtraM samAptam|

3-4. 한글음 산스끄리뜨어『반야심경』

Prajñāpāramitāhṛdayasutram

쁘라즈냐빠라미따흐르다야수뜨람

evaṃ mayā śrutam|

에밤 마야 스루땀.

ekasmin samaye bhagavān rājagṛhe viharati sma gṛdhrakūṭe

에까스민 사마예 바가반 라자그르헤 비하라띠 스마 그르드라꾸떼

parvate mahatā bhikṣusaṃghena sārdhaṃ mahatā ca

빠르바떼 마하따 빅수삼게나 사르담 마하따 짜

bodhisattvasaṃghena|

보디삿뜨바삼게나.

tena khalu samayena bhagavān gambhīrāvasaṃbodhaṃ nāma

떼나 카루 사마예나 바가반 감비라바삼보담 나마

samādhiṃ samāpannaḥ| tena ca samayena āryāvalokiteśvaro
사마딤 사마빤나(흐). 떼나 짜 사마예나 아르야바로끼떼스와로

bodhisattvo mahāsattvo gambhīrāyāṃ prajñāpāramitāyāṃ
보디삿뜨보 마하삿뜨보 감비라얌 쁘라즈냐빠라미따얌

caryāṃ caramāṇaḥ evaṃ vyavalokayati sma| pañca
짜르얌 짜라마나(흐) 에밤 브야바로까야띠 스마. 빤짜

skandhāṃstāṃśca svabhāvaśūnyaṃ vyavalokayati||
스깐담스땀스짜 스바바바순얌 브야바로까야띠.

athāyuṣmān śāriputro buddhānubhāvena āryāvalokiteśvaraṃ
아타유스만 샤리뿌뜨로 붓다누바베나 아르야바로끼떼스와람

bodhisattvametadavocat- yaḥ kaścit kulaputro [vā kuladuhitā vā
보디삿뜨바메따다보짜뜨-야(흐) 까스찌뜨 꾸라뿌뜨로 [바 꾸라두히따 바

asyāṃ] gambhīrāyāṃ prajñāpāramitāyāṃ caryāṃ cartukāmaḥ,
아스얌] 감비라얌 쁘라즈냐빠라미따얌 짜르얌 짜르뚜까마(흐),

kathaṃ śikṣitavyaḥ? evamukte āryāvalokiteśvaro bodhisattvo
까탐 쉬끄시따브야(흐)? 에바묵떼 아르야바로끼떼스와로 보디삿뜨보

mahāsattvaḥ āyuṣmantaṃ śāriputrametadavocat- yaḥ
마하삿뜨바(흐) 아유스만땀 샤리뿌뜨라메따다보짜뜨- 야(흐)

kaścicchāriputra kulaputro va kuladuhitā vā [asyāṃ]
까스찟차리뿌뜨라 꾸라뿌뜨로 바 꾸라두히따 바 [아스얌]

gambhīrāyāṃ prajñāpāramitāyāṃ caryāṃ cartukāmaḥ, tenaivaṃ
감비라얌 쁘라즈냐빠라미따얌 짜르얌 짜르뚜까마(흐), 떼나이밤

vyavalokitavyam-pañca skandhāṃstāṃśca svabhāvaśūnyān
브야바로끼따브얌-빤짜 스깐담스땀스짜 스바바바순얀

samanupaśyati sma| rūpaṃ śūnyatā, śūnyataiva rūpam| rūpānna
사마누빠스야띠 스마. 루빰 슌야따, 슌야따이바 루빰. 루빤나

pṛthak śūnyatā, śūnyatāyā na pṛthag rūpam| yadrūpaṃ sā
쁘르타끄 슌야따, 슌야따야 나 쁘르타그 루빰, 야드루빰 사

yā śūnyatā tadrūpam| evaṃ

야 슌야따 따드루빰. 에밤

vedanāsaṃjñāsaṃskāravijñānāni ca śūnyatā|

베다나삼즈냐삼스까라비즈냐나니 짜 슌야따.

evaṃ śāriputra sarvadharmāḥ śūnyatālakṣaṇā anutpannā

에밤 샤리뿌뜨라 사르바다르마(흐) 슌야따락샤나 아눗빤나

aniruddhā amalā vimalā anūnā asaṃpūrṇāḥ| tasmāttarhi

아니룻다 아마라 비마라 아누나 아삼뿌르나(흐). 따스맛따르히

śāriputra śūnyatāyāṃ na rūpam, na vedanā, na saṃjñā, na

샤리뿌뜨라 슌야따얌 나 루빰, 나 베다나, 나 삼즈냐, 나

saṃskārāḥ, na vijñānam, na cakṣurna śrotraṃ na ghrāṇaṃ na

삼스까라(흐), 나 비즈냠, 나 짜끄수르나 스로뜨람 나 그라남 나

jihvā na kāyo na mano na rūpaṃ na śabdo na gandho na raso

지흐바 나 까요 나 마노 나 루빰 나 삽도 나 간도 나 라소

na spraṣṭavyaṃ na dharmaḥ| na cakṣurdhāturyāvanna
나 스빠라스따브얌 나 다르마(흐). 나 짜끄수르다뚜르야반나

manodhāturna dharmadhāturna manovijñānadhātuḥ| na vidyā
마노다뚜르나 다르마다뚜르나 마노비즈냐나다뚜(흐). 나 비드야

nāvidyā na kṣayo yāvanna jarāmaraṇaṃ na jarāmaraṇakṣayaḥ,
나비드야 나 끄사요 야반나 자라마라남 나 자라마라나끄사야(흐),

na duḥkhasamudayanirodhamārgā na jñānaṃ na
나 두(흐)카사무다야니로다마르가 나 즈냐남 나

prāptirnāprāptiḥ| tasmācchāriputra aprāptitvena bodhisattvānāṃ
쁘라쁘띠르나쁘라쁘띠(흐). 따스맛짜리뿌뜨라 아쁘라쁘띠뜨베나
보디삿뜨바남

prajñāpāramitāmāśritya viharati cittāvaraṇaḥ|
쁘라즈냐빠라미따마스리뜨야 비하라띠 찟따바라나(흐).

cittāvaraṇanāstitvādatrasto viparyāsātikrānto niṣṭhanirvāṇaḥ|

찟따바라나나스띠뜨바다뜨라스또 비빠르야사띠끄란또 니스타니르바나(흐).

tryadhvavyavasthitāḥ sarvabuddhāḥ prajñāpāramitāmāśritya
뜨르야드바브야바스티따(흐) 사르바붓다(흐) 쁘라즈냐빠라미따마스리뜨야

anuttarāṃ samyaksaṃbodhimabhisaṃbuddhāḥ|
아눗따람 삼약삼보디마비삼붓다(흐).

tasmād jñātavyaḥ prajñāpāramitāmahāmantraḥ anuttaramantraḥ
따스마드 즈냐따브야(흐) 쁘라즈냐빠라미따마하만뜨라(흐) 아눗따라만뜨라(흐)

asamasamamantraḥ sarvaduḥkhapraśamanamantraḥ
아사마사마만뜨라(흐) 사르바두(흐)카쁘라사마나만뜨라(흐)

satyamamithyatvāt prajñāpāramitāyāmukto mantraḥ| tadyathā-
사뜨야마미트야뜨바뜨 쁘라즈냐빠라미따야묵또 만뜨라(흐). 따드야타-

gate gate pāragate pārasaṃgate bodhi svāhā| evaṃ śāriputra
가떼 가떼 빠라가떼 빠라삼가떼 보디 스바하. 에밤 샤리뿌뜨라

gambhīrāyāṃ prajñāpāramitāyāṃ caryāyāṃ śikṣitavyaṃ
감비라얌 쁘라즈냐빠라미따얌 짜르얌 쉬끄시따브얌

bodhisattvena||
보디삿뜨베나.

atha khalu bhagavān tasmātsamādhervyutthāya
아타 카루 바가반 따스마뜨사마데르브윳타야

āryāvalokiteśvarasya bodhisattvasya sādhukāramadāt– sādhu
아르야바로끼떼스와라스야 보디삿뜨바스야 사두까라마다뜨- 사두

sādhu kulaputra| evametat kulaputra, evametad gambhīrāyāṃ
사두 꾸라뿌뜨라, 에바메따뜨 꾸라뿌뜨라, 에바메따드 감비라얌

prajñāpāramitāyāṃ caryaṃ cartavyaṃ yathā tvayā nirdiṣṭam|
쁘라즈냐빠라미따얌 짜르얌 짜르따브얌 야타 뜨바야 니르디스땀.

anumodyate tathāgatairarhadbhiḥ||

아누모드야떼 따타가따이라르핫비(흐).

idamavocadbhagavān| ānandamanā āyuṣmān śāriputraḥ

이다마보짜드바가반. 아난다마나 아유스만 샤리뿌뜨라(흐)

āryāvalokiteśvaraśca bodhisattvaḥ sā ca sarvāvatī pariṣat

아르야바로끼떼스와라스짜 보디삿뜨바(흐) 사 짜 사르바바띠 빠리사뜨

sadevamānuṣāsuragandharvaśca loko bhagavato

사데바마누사수라간다르바스짜 로꼬 바가바또

bhāṣitamabhyanandan||

바시따마브야난단.

iti prajñāpāramitāhṛdayasūtraṃ samāptam|

이띠 쁘라즈냐빠라미따흐르다야수뜨람 사마쁘땀.

3-5. 현장의 산스끄리뜨어『반야심경』한문 음차
— Sanskrit pronunciation in Chinese Scripts by Xuanzang

梵本般若波羅蜜多心經： 觀自在菩薩與三藏法師玄裝親教授梵本不潤色

鉢 羅 我 攘 播 羅 耳多 訖里 那 野 素 旦 覽

(Prajñāpāramitā-hṛdaya sūtra)

般 若 波 羅 蜜 多 心 經

Oṃ namo Bhagavatyai ārya-Prajñāpāramitāyai!

阿 里 也 縛 魯 枳 帝 濕 縛 路 冒 地 娑 旦 侮 儼 鼻

Arya-Avalokiteśvaro bodhisattvo gambhī-

聖 觀 自 在 菩 薩 深

覽 鉢 羅 我 攘 播 羅 耳 多 左 里 左 羅 麻 女

rā prajñāpāramitācaryāṃ caramāňāḥ

般 若 波 羅 蜜 多 行 行 時

尾 也 縛 魯 迦 底 娑 麻 畔 左 塞 建 馱 娑 旦 室
vyavalokayati sma : pañca–skandhāstāṃs
照 見 五 蘊 彼

左 娑 縛 婆 縛 戍 爾 焰 跛 失 也 底 娑 麻
ca svabhāvaśūyān paśyati sma.
自 性 空 現[見]

伊 賀 捨 里 補 旦 羅 魯 畔 戍 爾 焰
evaṃ śāriputra rūpaṃ śūnyatā
(於)此 舍 利 子 色 空

戍 爾 也 帶 縛 魯 畔 魯 播 囊 比 栗 他
śūnyataiva rūpaṃ, rūpān na pṛithak
空 性 是 色 色 不 異

戍 爾 也 多 戍 爾 也 多 野 囊 比 栗 他 魯 畔
śūnyatā śūnyatāyā na pṛthag rūpaṃ,
空 空 亦 不 異 色

夜 怒 魯 畔 娑 戍 爾 也 多 夜 戍 爾 也 多

yad rūpaṃ sā śūnyatā yā śūnyatā

是 色 彼 空 是 空

娑 魯 畔 壹 縛 耳 縛

tad rūpaṃ; evam eva

彼 色 如 是

吠 那 囊 散 我 攘 散 娑 迦 羅 尾 我 攘 南

vedanā-saṃjñāsaṃskāra-vijñānaṃ.

受 想 行 識

伊 賀 捨 里 補 旦 羅 薩 羅 縛 達 麻 戍 爾 也 多

evaṃ śāriputra sarva-dharmāṃ śūnyatā

(於)此 舍 利 子 諸 法 空

落 乞 叉 拏 阿 怒 多 播 囊 阿 寧 魯 馱 (阿 麻 羅)

–lakṣaňā, anutpannā aniruddhā, amalā

相 不 生 不 (滅) (不 垢)

阿 尾 麻 羅 阿 怒 曩 阿 播 里 補 羅 拏 多 娑 每

avimalā, anūnā asampūrňāḥ. tasmāc

不 淨 不 增[減] 不 減[增] 是 故

捨 里 補 旦 羅 戍 爾 也 多 焰 曩 魯 畔 曩

chāriputra śūnyatāyā na rūpaṃ na

舍 利 子 空 中 無 色 無

吠 那 曩 曩 散 我 攘 曩 散 娑 迦 羅 曩

vedanā na saṃjñā na saṃskārāḥ na

受 無 想 無 行 無

尾 我 攘 南 曩 斫 乞 芻 戍 魯 旦 羅 迦 羅 拏

vijňānam na caksurna–śrotra–ghrāňa–

識 無 眼 耳 鼻

爾 賀 縛 迦 野 麻 曩

jihvā–kayoa–mano

舌 身 意

曩 魯 畔 攝 那 彦 馱 羅 娑 娑播 羅 瑟 吒 尾 也

na rūpa–śabda–gandha–rasa–sprasṭạvya–

無 色 聲 香 味 觸

達 麻 囊 斫 芻 馱 都 里 也 縛 囊

dharmāḥ. na cakṣur–dhātur yāvan na

法 無 眼 界 乃至 無

麻 怒 尾 我攘我 南 馱 都 囊 尾 爾 也 囊 尾 爾 也

manovjñāna–dhātuḥ. na–vidyā na–avidyā

意 識 界 無 [無] 明 無 [無] 明 {盡}

囊 尾 爾 也 乞 叉 喩 囊 尾 爾 也 乞 叉 喩

(na–vidyā)–kṣayo (na–avidyā na kṣayo)

無 [無] 明 盡 無 [無] 明 盡

野 縛 (囊) 惹 羅 麻 羅 南 囊 惹 羅 麻 羅 拏

yāvan na jarā–maraňaṃ na jarā–maraňa

乃至 (無) 老 無[死] 無 老 無[死]

乞 叉 喩 囊 辱 去 娑 敏 那 野 寧 魯 馱

–kṣayo. na duḥkha–samudaya–nirodha–

盡 無 苦 集 滅

麻 里 我穰

margā.

道

嚢 我 攘 南 嚢 鉢 羅 比 底 嚢 鼻 娑 麻

na jānam na praptir na–aprapti.

無 智 無 得 無 [無] 證[得]

多 娑 每 無那 (捨 里 補旦 羅) 鉢 羅比 府 旦 縛

tasmāc chāriputra aprāptitvena

以[是故] 所 (舍 利 子) [無] 得 故

冒 地 娑 旦 縛 南 鉢 羅 我攘 播 羅 耳 麻 室 里 底 也

bodhisattvasya prajñāpāramitāśritya

菩 提 薩 垂 般 若 波 [羅 蜜] 多 依

尾 賀 羅 底 也 只 多 縛 羅 拏

vevaṃrati cittāvaraňā.

於 住 無 心 早[障] 碍

尾 爾 也 乞 叉 喩 囊 尾 爾 也 乞 叉 喩

(avidyā–kṣayo na–avidyākṣayo

[無] 明 盡 無 [無] 明 盡

野 縛羅 囊 惹 羅 麻 羅 南 囊 惹 羅 麻 羅 拏

yāvan na jarā–maraňaḥ na jar–maraňa

乃至 無 老 死 無 老 死

乞 叉 喩 囊 辱 去 娑 毎 那 野 寧 魯 馱

–kṣayo. na duḥkha–samudaya–nirodha–

盡 無 苦 集 滅

麻 里 我穰

mārgā.

道

囊 我 攘 南 囊 鉢 羅 比 底 囊 鼻 娑 麻

na jñānam, na prāptir na–aprapti.

無 智 無 得 無 [無] 證[得]

多 娑 每 那 (捨 里 補旦 羅) 鉢 羅比 府 旦 縛

tasmāc chāriputra apraptitvena

以 無 所[是故] (舍 利 子) [無] 得 故

冒 地 娑 旦 縛 南 鉢 羅 我攘 播 羅 耳 多 痲 室 里 底 也

bodhisattvasya prajñāpāramitām śritya

菩 提 薩 垂 般 若 波 羅 蜜 多 依

尾 賀 羅 底 也 只 多 縛 羅 拏

vevaṃrati cittāvaraňā.

於 住 [無] 心 {無} 圭 碍

只 多 (縛) 羅 拏 囊 悉 底 旦 縛 那 里 素 都 尾 播 里 也 娑

cittāvaraňa–nāstitvād atrasto viparyāsa

心 圭 碍 無 有 [無] 恐 怖 顚 倒

底 伽 蘭 多 寧 瑟 咤 寧里也縛 南

–atikrānto niṣṭha–nirvṇaḥ.

遠 離 究 竟 涅 盤 (證 得)

底 里 也 馱 縛 尾 也 縛 悉 體 多 娑 縛 沒 馱

tryadhva–vyavasthitāḥ sarva–buddhāḥ

三 世 所 經 諸 佛

鉢 羅 我攘 播 羅 耳 多 麻悉 里 底 世 辱 多 蘭

prajñāpāramitām–śritya–anuttarāṃ

般 若 波 羅 蜜 多 故 得 [所依] 無 上

參 貌 世 參 沒 地 麻 鼻 參 沒 馱 多 娑 每

samyaksambodhim abhisambuddhāḥ. tasmāt

等 正 竟[覺] [覺] 是 故

我 攘 多 尾 演 鉢 羅 我 攘 播 羅 耳 多 麻 賀 滿 旦 魯

prajñāpāramitā mahā–mantro

應 知 般 若 波 羅 蜜 多 大 呪

麻 賀 尾 爾 也 滿 旦 羅 阿 辱 多 羅 滿 旦 羅

mah–vidy–mantro `nuttara–mantro

大 明 呪 無 上 呪

阿 娑 麻 娑 底 滿 旦 羅 薩 縛 辱 去

‘samasama–mantraḥ, sarva–duḥkha–

無 等 等 呪 一 切 苦

鉢 羅 捨 囊 娑 底 也 麻 耳 贊 里 也 旦 縛

praśamana, satyam amithyatvāt.

止 息 眞 實 不 虛

鉢 羅 我 攘 播 羅 耳 多 目 訖 后 滿 旦 羅 旦 爾 他

prajñāpāramitāyām ukto mantraḥ. tadyathā

般 若 波 羅 蜜 多 說 呪 曰

我 諦 我 諦 播 羅 我 諦 播 羅 僧 我 諦

gate gate pāragate pārasaṃgate

冒 地 娑 縛 賀

bodhi svāha.

iti prajñāpāramitā–

hṛdaya samāptam.

3-6. 구 조계종단『반야심경』한글역

摩訶般若波羅蜜多心經

마하반야바라밀다심경

觀自在菩薩 行深般若波羅蜜多時 照見 五蘊皆空 度一切苦厄

관자재보살 행심반야바라밀다시 조견 오온개공 도일체고액

관자재보살이 깊은 반야바라밀다를 행할 때,

오온이 공한 것을 비추어 보고 온갖 고통을 건너느니라.

舍利子 色不異空 空不異色 色卽是空 空卽是色 受想行識 亦復如是

사리자 색불이공 공불이색 색즉시공 공즉시색 수상행식 역부여시

사리자여! 색이 공과 다르지 않고, 공이 색과 다르지 않으며,

색이 곧 공이고 공이 곧 색이니, 수 상 행 식도 그러하니라.

舍利子 是諸法空相 不生不滅 不垢不淨 不增不減

사리자 시제법공상 불생불멸 불구부정 부증불감

사리자여! 모든 법은 공하여 나지도 멸하지도 않으며,

더럽지도 깨끗하지도 않으며, 늘지도 줄지도 않느니라.

是故 空中無色 無受想行識 無眼耳鼻舌身意 無色聲香味觸法 無眼界 乃至 無意識界

시고 공중무색 무수상행식 무안이비설신의 무색성향미촉법 무안계 내지 무의식계

그러므로 공 가운데에는 색이 없고 수 상 행 식도 없으며, 안 이 비 설 신 의도 없고,
색 성 향 미 촉 법도 없으며, 눈의 경계도 의식의 경계까지도 없고,

無無明 亦無無明盡 乃至 無老死 亦無老死盡 無苦集滅道 無智亦無得

무무명 역무무명진 내지 무노사 역무노사진 무고집멸도 무지역무득

무명도 무명이 다함까지도 없으며, 늙고 죽음도 늙고 죽음이 다함까지도 없고, 고 집 멸 도도 없으며, 지혜도 얻음도 없느니라.

以無所得故 菩提薩埵 依般若波羅蜜多故 心無罣礙 無罣礙故 無有恐怖 遠離顚倒夢想 究竟涅槃

이무소득고 보리살타 의반야바라밀다고 심무가애 무가애고 무유공포 원리전도몽상 구경열반

얻을 것이 없는 까닭에 보살은 반야바라밀다를 의지하므로
마음에 걸림이 없고 걸림이 없으므로 두려움이 없어서,

뒤바뀐 헛된 생각을 멀리 떠나 완전한 열반에 들어가며,

三世諸佛 依般若波羅蜜多故 得阿耨多羅三藐三菩提

삼세제불 의반야바라밀다고 득아뇩다라삼막삼보리

삼세의 모든 부처님도 반야바라밀다에 의지하므로 최상의 깨달음을 얻느니라.

故知 般若波羅蜜多 是大神呪 是大明呪 是無上呪 是無等等呪 能除一切苦 眞實不虛

고지 반야바라밀다 시대신주 시대명주 시무상주 시무등등주 능제 일체고 진실불허

반야바라밀다는 가장 신비하고 밝은 주문이며 위없는 주문이며 무엇과도 견줄 수 없는 주문이니, 온갖 괴로움을 없애고 진실하여 허망하지 않음을 알지니라.

故說 般若波羅蜜多呪 卽說呪曰

고설 반야바라밀다주 즉설주왈

이제 반야바라밀다 주문을 말하리라.

揭諦揭諦 波羅揭諦 波羅僧揭諦 菩提娑婆訶

아제아제 바라아제 바라승아제 모지사바하 (3회)

3-7. 현 조계종단 『반야심경』 한글역

마하반야바라밀다심경
관자재보살이 깊은 반야바라밀다를 행할 때,
오온이 공한 것을 비추어 보고 온갖 고통에서 건너느니라.
사리자여! 색이 공과 다르지 않고 공이 색과 다르지 않으며,

색이 곧 공이요 공이 곧 색이니, 수 상 행 식도 그러하니라.
사리자여! 모든 법은 공하여 나지도 멸하지도 않으며,

더럽지도 깨끗하지도 않으며, 늘지도 줄지도 않느니라.

그러므로 공 가운데는 색이 없고 수 상 행 식도 없으며,
안 이 비 설 신 의도 없고,

색 성 향 미 촉 법도 없으며,

눈의 경계도 의식의 경계까지도 없고,
무명도 무명이 다함까지도 없으며,

늙고 죽음도 늙고 죽음이 다함까지도 없고,
고 집 멸 도도 없으며, 지혜도 얻음도 없느니라.
얻을 것이 없는 까닭에 보살은 반야바라밀다를 의지하므로

마음에 걸림이 없고 걸림이 없으므로 두려움이 없어서,

뒤바뀐 헛된 생각을 멀리 떠나 완전한 열반에 들어가며,

삼세의 모든 부처님도 반야바라밀다를 의지하므로

최상의 깨달음을 얻느니라.
반야바라밀다는 가장 신비하고 밝은 주문이며 위없는 주문이며

무엇과도 견줄 수 없는 주문이니,

온갖 괴로움을 없애고 진실하여 허망하지 않음을 알지니라.

이제 반야바라밀다주를 말하리라.

아제아제 바라아제 바라승아제 모지 사바하(3번)

찾아보기

ㄱ

ㄴ

ㅅ

ㅇ

ㅈ

ㅊ

ㅌ

ㅍ

ㅎ

중론으로 읽는 반야심경

초판 1쇄 발행 | 2024년 07월 10일

지은이 신상환
펴낸이 조기조
펴낸곳 도서출판 b

등 록 2003년 2월 24일 제2023-000100호
주 소 08504 서울특별시 금천구 가산디지털2로 169-23 가산모비우스타워 1501-2호
전 화 02-6293-7070(대) | 팩스 02-6293-8080
누리집 b-book.co.kr | 전자우편 bbooks@naver.com

ISBN 979-11-92986-25-8 03220
값 18,000원